U0142435

Authority

超 級 公 民

權 威

Center for Civic Education　原著
財團法人民間公民與法治教育基金會、財團法人蘇天財文教基金會　聯合出版

五南圖書出版公司 印行

出版緣起

財團法人民間公民與法治教育基金會執行委員　張澤平律師

　　本書原著是美國公民教育中心（Center for Civic Education；www.civiced.org）所出版的《民主的基礎 —— 權威、隱私、責任、正義》（Foundations of Democracy：Authority、Privacy、Responsibility、Justice）教材中，適用於美國 10 至 12 年級學生的部分。原著的前身則是美國加州律師公會在 1968 年，委託設於加州大學洛杉磯分校（UCLA）的公民教育特別委員會，所發展的「自由社會中之法律」（Law in a Free Society）教材。教材的發展集合律師及法律、政治、教育、心理等專業人士共同開發而成，內容特別強調讀者的思考及相互討論。原著架構歷經將近五十年的淬鍊，目前已廣為世界各國參考作為公民教育、法治教育的教材。出版者有感於本書的編著結合各相關專業領域研發而成，內容涉及民主法治社會的相關法律概念，所舉的相關實例生動有趣，引導的過程足以帶動讀者思考，進行法治教育卻可以不必使用法律條文，堪稱是處於民主改革浪潮中的台灣社會所不可或缺的公民、法治、人權、品德教育參考教材，因此積極將其引進台灣。

　　這本書的主題 ——「權威」，是民主法治國家之所以能夠順利運作的重要機制。雖令人感到抽象不易掌握，但透過本書所舉的實例及相關問題，則不難領略其內涵。書中鮮少有空泛的論述，取而代之的是一個一個發生在社會中的實例及問題，以及解決問題的思考工具（Intellectual Tool）。書中從不直接提出問題的答案，而希望師長帶著學生，或讀者彼此之間，在互相討論的過程中，分享、思考彼此的想法，進而紮實的學習領會書中所討論的觀念。討論不僅可使這些抽象觀念更容易內化到讀者的價值觀裡，討論的過程更可匯集眾人的意志，進而訂定合理的規範，是民主法治社會中最重要的生活文化。（歡迎讀者至民間公民與法治教育基金會官網 www.lre.org.tw 參與討論）

　　引進本書其實也期望能改變國內關於法治教育的觀念。不少人認為法治教育即

是守法教育，抑或認為法治教育應以宣導生活法律常識為主。然而，如果能引領學生思考與法律相關的重要概念或價值，則遵守法律規範，當是理所當然的結果。懂得保護自己權益的人，當然也應當尊重別人的權益，更不必耗費大多數的課堂時數逐條詳述瑣碎的法律規定。由此當可理解，法治教育應對施教的素材適當地設計揀選，才能夠達到事半功倍的效果。此外，無論法治教育的施教素材為何，也應當都是以培養未來的公民為目標。過度強調個人自保的法律技巧，並無助於未來公民的養成，當非法治教育的重要內涵。現代法律隱含著許多公民社會所強調的價值，例如：人權、正義、民主、公民意識、理性互動等等，都有待於我們透過日常生活的事例加以闡釋，以落實到我們的生活環境中。未來能否培養出懂得批判性思考的優質公民，已成為我國能否在國際舞台上繼續保有競爭力，以及整個社會能否向上提昇的重要挑戰。

　　自 2003 年起，民間司法改革基金會即與中華扶輪教育基會、台北律師公會共組「法治教育向下紮根特別委員會」，將美國公民教育中心在美國出版的《民主的基礎─權威、隱私、責任、正義》系列出版品（包含「兒童版」、「少年版」、「公民版」之教材及其教師手冊）授權在台灣地區翻譯推廣，執行多年來，已在多所國中小校園內實施教學，並榮獲教育部國立編譯館 94 年度、95 年度獎勵人權出版品之得獎肯定。本基金會再翻譯出版此一進階書籍，期盼能進一步喚起國人重視人權及民主法治的教育問題，也期待各界的支持與指教。（本書另有教師手冊，請洽五南圖書出版公司）

張澤平

法治教育讓人民找回主動權

中央研究院社會學研究所研究員　張茂桂

　　什麼是民主的基礎？看你問誰，不同人可能有不同的答案。

　　當代知名政治學者 Adam Przeworski，他特別看重民主的制度性效果，認為相較於其他都更差的政治制度設計，民主有個獨門的優點，在於人民可以不需透過暴力，用和平的手段更換自己的統治者（政府）。這種效果／效益，足以構成民主的「極簡定義」，也足以捍衛民主的優越性。

　　Przeworski 進一步用四個與選舉結果有關的指標，判斷何謂「民主」政體：（一）行政首長必須由民選，或由民選的代議機構選舉產生；（二）立法機關也必須是由民選產生；（三）選舉時有不止一黨的競爭；（四）在相同的選舉規則條件下，發生權力的輪替至少一次。

　　他認為，人們不應小看這幾件事情，因為放眼世界，人民能持續選舉自己的統治者，讓政權和平轉移持續發生，不是理所當然的事情。以我們臺灣自己的經驗來看，1978 年曾爆發「選舉萬歲」的政治抗議言論，當時威權統治下的「黨外人士」，冒大不諱投入選舉，出現所謂「選舉假期」的短暫言論自由現象，等選舉完畢之後狹小的自由之窗立即關上，而當時黨外人士還面臨秋後算帳，選輸坐牢的風險。而等到臺灣能完全符合這四個簡單的民主政體條件，已經是公元 2000 年 5 月第一次政黨輪替之後的事情。從 1978 年算起到「民主政體元年」，經過 22 年，而從民主政體元年至今，也才 18 年而已。

　　Przeworski「選舉很重要！」的民主觀點，看似簡單，但有一個關於人類社會的現實的出發點：人類社會原本很多衝突的社會關係，用暴力（violence）解決爭端是相對誘人的手段。而政府的功能，形同在讓一些人的意志可以合法地，壟斷武力地去壓制另外一些人的意志。而選舉是讓政府的更替，只要遊戲規則許可，贏家與輸家都非事先確定，如果壓制者與被壓制者皆知道通過選舉可以和平且合法地輪替，大家就能維

護和平與自由參政的體制，而這就是最重要、不可取代的民主的功能。

這固然有化繁為簡的好處，但 Przeworksi 很清楚這樣的極簡主張，須把政治想像成政治制度問題，限「純」政治權力來看，以致於有幾個重要範疇問題沒被充分處理。首先，（一）執政者壓制反對者的手段，必須在法律規範之內「合法」進行，而且要可以被充分問責。這個意思是民主必須有相對獨立的司法、以及立法體系，能制衡行政部門的權力，這是民主與「法治」不可分的強烈主張；（二）不論是執政者或者是在野者，人民都有予以監督的可能。人民不但有法律保障的自由討論與辯論權利，言論自由的重要不在話下，前提更須要政府資訊要公開，決策的程序法則與透明度；（三）人民仍然要能進行自我賦權，對於民選政府、民選議會，要有直接問責或制衡的權力。或者說：人們能找回參與政治、督促政府與代議者的主動權，而不是處於被動的被統治的狀態。這是晚近參與式、審議式民主、公民社會與「強韌民主」（strong democracy）的各種主張的精神。

此外，「純」政治民主，並不及於人民關懷的其他問題，例如民主的治理品質，新興民主的民主鞏固，甚至涉及到經濟發展與生活水準等問題。而且，人民對於「政治」，有越來越多的想像，所謂「日常生活政治化的趨勢」。日常生活政治化，就是所有的政府在日常生活中，很多看不見的檯面下的「管制」（或者疏忽的「不管制」），文化傳統中的幽微「道統」，現在都有可能被高舉看見，被揭示解構成為檯面上的政治問題。舉例如身體政治、性別政治、空間政治、科技的民主、基因改作、生態與氣候變遷等等，都是新的「政治」，需要被看見且進行的民主議題。

民主日常化還有一個原因，就是一般理解為「制度同型化」的過程。民主作為一種主要解決紛爭的策略，例如平等投票，任期，程序與法治，幾乎不能避免會在其他制度範疇中「傳染」、「擴散」，在其他非政黨、非政治的環境中為最主要解決衝突的標準。例如在生產制度中的工會、產業組織、企業，或者在教育制度的學校、專業組織，甚至在社區、傳統的寺廟、宗族組織中，都有開始引用了民主的價值與調解衝突的法則。

我們如果不從選舉制度來想像民主，我們其實還可以從「選民」，或者更正確說，

從「公民」的角度出發來想像民主。因為，不論我們談的是選舉民主，還是生活民主，應該都脫離不了具有權利意識、身分、及實踐能力的公民。公民並不等於選民，因為公民包括了那些可能沒有投票權的未來公民，或者常被邊緣化的「其他人」（the others）公民。

以今日世界而言，貧富差距，生態風險都在擴大，一國之內的民主治理，常因為國境之外遠方的戰爭、飢荒、金融風暴、病疫，以及不在地的生產者、消費者、勞工等等問題，而陷入效能不彰，難以為繼的困境。民粹威權，不但取代一些新興的民主體制，在一些老牌民主國家中，也有重返主流政治的情形。

我們可以預見未來的公民，包括臺灣在內，一方面可能會比以往有更多的自由、平等的要求，歧見與社會分化導致社會更難形成共和意識，另一方面將因為的全球經濟與資源競爭的生存壓力更艱鉅，導致人們期待更有效率，甚至獨斷的強人政府。在這兩種條件的拉鋸下，我們不但不能誤認為民主永續不是問題，反而要珍惜民主政治和平解決衝突的獨門「極簡」功能，並要能發展出以公民為主體的強韌的民主素養教育，抵擋各種反自由、平等基本價值的威逼利誘，侵害民主體制的各種分化統戰，堅定如鬥士般的行動。

這一套「民主系列」叢書，是由美國加州的一個非政府組織，「公民教育中心」所出版，「權威」幫助學生理解政府權威、權力的正當性（與限制）的問題，「隱私」幫助學生理解個人自由與自由社會的連結與界線，「正義」幫助學生發展分析、評價不同的是非與公平性問題，「責任」幫助學生理解各種政治抉擇、生活抉擇的影響及後果的意涵。本系列原本的目的是為美國的教師與學生的需要而編寫，有適合小學生的少年版也有青少年版，很多舉例也都是美國的政治背景，但沒想到此一系列出版後不久被翻印成四十多種語言。基本民主素養的跨國參考的重要性不言可喻。

在此翻譯本問世的同時，很不幸地，美國給人們的印象已經不是最好的民主典範國，我們在參照學習這些美國公民教育的教材與教法的同時，必須由衷自我期許，將來還是要能發展出更適合我們自己需求，建構支持民主法治、人權的強韌的公民素養的教材、教法來，這還需要政府與民間投入更多的努力。

「超級公民」叢書的出版，能成為未來首投族們絕佳的選民教育教材

台灣少年權益與福利促進聯盟秘書長　葉大華

　　臺灣自 2011 年依《兒童權利公約》〈簡稱 CRC〉精神將《兒童及少年福利法》大幅翻修為《兒童及少年福利與權益保障法》，2014 年制定《兒童權利公約施行法》，讓 CRC 的權利規定及聯合國兒童權利委員會對公約之解釋具有國內法律之效力。依據「CRC 施行法」第七條：政府應建立兒童及少年權利報告制度，於本法施行後二年內提出第一次國家報告，其後每五年提出國家報告。故我國政府參照聯合國審查 CRC 國家報告的模式，於去年 2017 年 11 月 20 日完成了我國首次的國家報告國際審查會議。而受邀來台的五位國際審查委員，在總結提出的 97 點結論性意見中，特別針對 CRC 的兒少表意參與權利及公民教育提出了觀察與建議。

　　其中第 75 點兒童權利與公民教育：委員會建議將人權（尤其是兒童權利）納入各種教育形式和層次（包含國民教育）的必要性元素。委員會進一步建議，應為各種年齡層和身心能力差異的兒童製作適宜的教材，教師亦必須接受兒童權利的知識和培訓。委員會另建議，教育部應支持兒童參與公眾事務與公民教育相關的培力活動，以落實 CRC 自由表達意見的權利。同時，兒童權利委員會透過解釋 CRC 的第 20 號一般性意見書：青少年時期兒童權利的落實，提供給各國為落實青少年權利所需的法律、政策和服務指南，以促進青少年全面發展。聯合國特別建議各國應增強青少年的權能，承認他們的公民身分，讓他們積極參與自身生活。其中更要確保讓青少年與兒童在學校和社區、地方、國家和國際各層級，參與制訂、執行和監測影響其生活的所有相關法律、政策、服務和方案。

　　其實早在 2005 年「行政院青少年事務促進委員會」的委託研究即指出，臺灣政府應鼓勵青少年針對地方自治、國家政策及重大議題進行公共討論，並提供青少年參與決策之管道。在促進青少年公共參與的同時，政府部門亦必須學習如何在政策制定過程中納入更多的公民參與，並提升公民參與的深度與能力。除此以外，青少年充分參

與青少年相關政策的決策過程，能使政府避免盲點，制定出真正切合青少年利益與需求的政策。（青少年政策白皮書綱領，2005）。因此無論從上述 CRC 結論性意見或是我國青少年政策的發展，皆相當強調兒少參與在各種層級決策機制的重要性與意義，除了鼓勵發聲，更重要的是政府應盡早投資兒童及青少年的公民能力的養成。

公民素養與能力的養成，是打造健全公民社會的重要基礎，其中需要以人權教育作為核心，法治教育作為思辨工具。誠如五位 CRC 國際審查委員的建議，我們應為各種年齡層和身心能力差異的兒童製作適宜的教材，教師亦必須接受兒童權利的知識和培訓，並協助青少年與兒少有能力參與在各層級相關決策事務上，因此相關的公民素養教材的研發與推廣至為重要。民間公民與法治教育基金會將美國公民教育中心授權出版的《民主的基礎─權威、隱私、責任、正義》系列在台灣地區翻譯推廣，過去已完成了「兒童版」及「少年版」，也都在國中小校園有很好的推廣成效。如今完成了「超級公民」教材的翻譯，針對的對象是高中職階段接近成年的青少年，正好能接軌落實CRC 結論性意見，做為強化青少年公民參與知能的教材。此外經過台少盟等推動十八歲公民權團體的多年努力，我國也於今年 1 月 3 日公布修正《公民投票法》，將公民投票權人年齡下修至十八歲，青年學子也將正式參與國家重要政策的決定。因此「超級公民」叢書的出版，恰好也能成為未來公投首投族們絕佳的選民教育教材。

我們向來主張，投票權是賦予青少年進入公民社會的入門票與信任票，在此之前應該要及早投資其公民能力的養成，培養其成為具思辨能力、理性成熟的社會公民，以因應為平衡權利義務對等、人口結構變化，以及擴大青年參政而持續下修投票年齡的民主政治潮流。但公民能力的養成是一連串培力與體驗實踐的過程，在青少年們仍是準公民的階段，就應提供其具備對於權威、隱私、責任、正義等民主概念的基本認知。因此很高興有「超級公民」叢書的出版，內容不僅淺顯易懂，少有空泛論述或冗長的法律條文，且非常強調透過社會中的實際案例以及提供解決問題的思考工具（Intellectual Tool），引導學生彼此討論與對話，藉此思辨做決策的民主程序與多元觀點，非常適合於學校及社區推廣運用。將來如果能發展出本土版本，相信將更能裨益我國的公民法治與人權教育！

推薦序

民主法治的教材就需要能夠和生活結合，引發學生興趣

中華民國全國教師會理事長　張旭政

　　我國的民主法治實施不久，整體社會還不足以成為一個讓學生耳濡目染即可學到民主法治素養的環境。因此，在學校教導民主法治概念，提升素養，就變得異常重要，也是社會能否進步的關鍵。

　　同樣教導民主法治，枯燥無味的教本和教條式的宣讀，會讓學生興趣缺缺，甚至排斥討厭。反之，系統的引導加上生動活潑的教材，絕對可以激發學生的學習熱情。民主法治的教材就需要能夠和生活結合，引發學生興趣，才能讓老師在運用時如魚得水、暢快淋漓。

　　民間公民與法治教育基金會所引進的這套「超級公民」書籍，引用實際發生的事件，以簡潔易懂的文字，採用引導討論的方式，帶領讀者思考、釐清觀念，很適合學生閱讀以及學校老師做為民主法治教育的教材，更符合十二年國教課綱所標榜的「素養」導向的編寫模式，值得推薦給教育界人士及社會大眾參考使用。

　　民間公民與法治教育基金會長期關注國內的民主法治教育，引進、編撰合適的教材、資料給老師、學生使用，每年更舉辦「全國公民行動方案競賽」，對於國內民主法治素養的提升貢獻卓著，也令人感佩！如果能對基金會有所苛求，相信也是基金會正在努力的目標，那就是出版以本土案例撰寫的「超級公民」套書。我們期待，更感謝基金會的努力與付出。

一本沒有標準答案的書～大人都可以上的課程

財團法人蘇天財文教基金會董事執行長　蘇昭蓉

　　這是本沒有標準答案指導我們該怎麼做的書，待書中拋出一個個我們在生活中會碰到的真實情境，激發學員們的興趣之後，再引導學員如何去靈活地思考，教師則透過教材裡提供的「思考工具」，也就是一組想法和問題，用團體討論與學員間對話的形式，引導學員們學會《辨別》、《描述》、《解釋》、《評估立場》、《採取立場》、《為立場辯護》等等合乎邏輯的技巧運用，幫助我們在不同生活情境下，做出決定並採取行動。

　　種子律師們除了配合本系列教材外，亦帶領學員們運用臺灣本土議題，進入發生在生活周遭日常生活的事例的實作中，在本系列課程結束後，學員們大大提升了在生活環境中的思辯能力與批判性思考能力，深得師生們的喜愛。

　　國際扶輪 3482 地區 2019-2020 年度總監周佳弘大律師曾在扶輪社團裡分享，他個人以志工爸爸的身份在志願服務女兒就讀學校的晨光時間，使用本教材親自帶領班級內學生們上過一系列法治教育課程，之後，從導師處得知，女兒能以學習得著的思辯、思考能力協助同學解決課室內的問題，分享時，周律師的臉上散發出滿足、喜悅、令人印象深刻，也更加肯定這套課程的影響。

　　本會創辦人蘇天財先生，自受邀加入專業人士所組成的臺北西北區扶輪社以來，積極投入扶輪五大服務，為響應延續扶輪教育基金會為臺灣公民與民主法治教育所投入法治教育向下扎根的執行精神，特於 2011 年與各界共同捐助民間公民與法治教育基金會之創立，並與本會創會董事長／前國際扶輪 3480 地區總監張迺良大律師，以扶輪人超我服務之精神（Service Above Self）帶領本會持續投入與民間公民與法治教育基金會的各項出版、活動，如：美國公民教育中心所出版的全套「民主基礎——權威、隱私、責任、正義」系列、公民行動方案（一）臺灣版的翻譯出版、校園暴力防治研擬方案及各項相關活動推廣及專題學術研討等等。

推薦序

　　一路走來，本會深深感佩民間公民與法治教育基金會多年來持續努力不懈地聯結並培訓種子律師投入國小、國中、高中校園推展學習思辨的智慧與播撒正義種子的服務精神，亦得以夥伴與為傲；感謝民間公民與法治教育基金會與每位專家、律師、教師、家長、學者、志工們的熱情奉獻與與。

　　本會深感能在臺灣 2026 年邁入超高齡社會之前夕，再與民間公民與法治教育基金會合作，完成本次美國高中版臺版翻譯教材出版的意義非凡，盼望除了深入大學校園與研究所推展，亦可同時推廣至終身教育學習領域，在超高齡社會風雨欲來的重重挑戰中，藉此發揮此教材應用之廣度與深度，提升公民學習思辯的智慧，發揮創意，採取行動突破重圍，培養公民哲學性思考的能力，共同打造優質友善高齡社會的臺灣。

序

　　「民主基礎系列」介紹四個概念，這四個概念構成了美國憲政體制政府的基礎：權威、隱私、責任與正義。它們不但是了解美國政府基礎必備的關鍵詞，也是用來評估民主國家和非民主國家之間差距的重要因素。

　　自由與其他價值是立國的基礎，為了維護它們，我們必須付出一些代價或承擔一些責任。很多時候我們需要在相衝突的價值和利益之間做出困難的選擇。在這套課程中，我們將有機會針對涉及運用權威與保護隱私的情況，加以討論和辯論，也會根據不同的情況，決定應該如何履行責任和實踐公平正義。

　　你將會學到評估這些情境的方法和概念，也就是所謂的「思考工具」（intellectual tool）。思考工具幫助我們清楚透徹的思考權威、隱私、責任和正義的相關問題，形成自己的立場，並且能提出支持自己立場的理由。

　　從這套課程習得的知識和技能，有助於解決公共政策或個人每日生活處境所面臨的各種問題。藉由獨立思考、做出自己的結論，以及為自己的立場辯護，我們就能在自由的社會中成為更有效能（effective）且主動（active）的公民。

簡介

在湯瑪斯‧傑佛遜所撰寫的《美國獨立宣言》中，哪些內容跟政府權威的來源有關？

　　我們認為以下所述均為不證自明的真理……人民建立政府，而政府的正當權力，係得自受統治者的同意……。

　　以上這段文字引自《美國獨立宣言》，其中提到了美國政府據以建立的最基本概念。我們 —— 人民賦予政府管理（rule）我們的權威（authority）。在特定的條件與界限（limitations）下，我們賦予政府控制（control）人民生活、自由和財產的權利。

　　身為公民，我們有權利過問政府如何運用我們所賦予的權威，並藉由投票、參與政治過程、監督政府遵守憲法規定等方式，來行使這項權利。

　　明智地處理有關權威的議題，是公民的責任。為了達到這個目標，我們必須了解權威是什麼，然後根據對於權威的理解，來判斷有關權威的議題。我們必須能夠回答這些問題：什麼是權威？權威從哪裡來？我們為什麼需要權威？

　　本書讓你對權威的題材有更多的理解，以及更有能力去有效處理在自由社會的日常生活中所出現的權威議題。

UNIT 1

● 這些圖片如何說明權威？

單元目標

■ 什麼時候別人有權命令你做事？
■ 什麼時候你有權命令別人做事？

　　這些都是很難回答的問題。它們的答案與權威有關，也可以說，就是跟規則（rules）以及治理我們生活的當權者有關。我們必須回答這些問題，才能處理我們在家裡、學校、職場或政府中所面臨的權威議題。

　　在本單元，我們就要開始思考這些問題。你將學到權威和權力的不同，換句話說，就是有權使用權力和無權使用權力之間的差異。我們將探討權威的來源，以及社會對權威的需求是什麼。學習這些背景知識，可以幫助我們處理當權者以及支配我們生活的規則等相關難題。

▍第一課　權威與沒有權威的權力有何不同？

本課目標

　　本課解釋「權威」的定義。讀完本課，你將能夠說明權威和權力這兩者之間的不同。

關鍵詞彙

權威 authority
非法法庭（袋鼠法庭）kangaroo court
權力 power
民間武裝軍事團體（準軍事部隊）paramilitary

● 你認為德國納粹政府是行使權威，還是行使不具權威的權力？

分辨權威和權力

　　閱讀以下的新聞報導（節錄自 1993 年 7 月 6 日《華爾街日報》），然後回答「你的看法如何？」的問題，並且在課堂上與大家分享答案。

北愛爾蘭地下警察的正義

東尼・何維茲報導／華爾街日報

【貝福斯特，北愛爾蘭訊】在俗稱「謀殺路段」，一個天主教與新教徒常發生衝突的區域，地下警察（the kneecapper）在一家雜貨店前把甘艾迪擄走。他們用繩圈套住甘艾迪的頭，由兩名蒙面人拷問甘艾迪是否攻擊他們的夥伴，然後他們迫使甘艾迪趴在地上，並用槍抵住他的腿。

　　北愛爾蘭地下警察的出現，可以回溯到 1969 年的民間衝突。槍擊可疑罪犯膝蓋的私刑，本來是愛爾蘭共和軍懲罰告密者的方式，後來演變為懲罰各種可疑犯罪的方法。在民間，流傳著力挺地下警察的說法：民間衝突的發生，導致人民（尤其是天主教徒）與正牌警察為敵，而執法單位確實無力打擊一般犯罪。因此，如果你的汽車遭竊，別打電話給警察報案，而應該呼叫北愛爾蘭共和軍；假如你是新教徒，就該請北愛爾蘭自由鬥士出面。

　　「私刑（kneecapping）的確很殘忍，但除此之外我們還能怎麼辦？」一位天主教徒，身為兩個小孩的母親馬琳問道。和附近的鄰居一樣，馬琳表示幫派分子到處為非作歹，而警察「不想抓也抓不到他們」。

　　於是，執行私刑的地下警察展開了「私法系統」（a shadow legal system），人們稱之為「流氓正義」（rough justice），由配帶槍械的「地下法官」（circuit judges）來執行任務，他們有時候也會私設袋鼠法庭（kangaroo court），審判可疑罪犯。被告因為「反社會行為」被判有罪，而裁決則因罪行大小而定。罪狀輕者僅被警告，例如：吸大麻等。再犯者則會被毆打，或被槍

擊小腿或大腿。而罪狀更重者，則會被槍擊膝蓋。如果他們不改過，將再度被槍擊四肢的其他部位。

然而目前被認定的罪行，也包括沒有付稅給民間武裝軍事團體（paramilitary）等有利於地下警察的情事。

由於民眾的不信任、警方害怕敵人的陷阱、警察必須駕駛防彈吉普車巡邏等因素，貝福斯特警方飽受牽制，幾乎無法顧及一般犯罪。不過近幾個月來，警方以違法名義逮捕一些地下警察，許多仍在等待地方法院的審判。

警方開始進行一項計畫，調查地下警察是否曾自行執法，或私設袋鼠法庭審理案件。

警方也逮捕了一些前地下警察，他們也在等待審判。

你的看法如何？

1. 在這則新聞報導中，是誰在使用權力？

2. 民間武裝軍事團體懲罰嫌犯，跟政府透過司法系統來懲罰嫌疑犯，這兩種權力行使，有何不同？

3. 地下警察的私法系統（shadow legal system）及私刑（kneecapping），和正規警察及法院所組成的司法系統，二者有何相異及相似之處？

權力或權威？

以上是有關權力和權威的問題練習。區分權威和權力的概念差異，非常重要。你可能曾經有這樣的經驗：某人運用權力命令你去做違背你意願的事。有時候，那個人確實可能有權這麼做，有時候則相反。到底在什麼時候，別人有權控制你的行為？

■ 你的父母是否有權要求你的門禁時間？理由是？

■ 你是否有權命令弟弟或妹妹離開客廳，自己霸占電視？理由是？

■ 學校校長是否有權要求學生在上學期間不得離校？理由是？

■ 你的朋友是否有權命令你去做你不想做的事？理由是？

■ 政府是否有權要求你遵守你認為不正確的法律？理由是？

● 美國最高法院的法官們如何獲得權力與權威，以宣稱某項法律是違憲的？

　　要回答這些問題，我們需要知道權力與權威之間的不同。雖然分辨它們的方法有許多種，但是在本課程中，我們使用下列方法來區分：

■ 權力是控制（control）或指揮（direct）某事或某人的能力。有時候人們有權使用權力，有時則不行。

1. 當強盜持槍搶劫你，他有權力這麼做，但是他並沒有權利。
2. 當最高法院指出某條法律違憲，這是同時具有權力和權利的行為。

■ 權威同時結合了權力與權利。運用權力的權利通常是來自法律、習俗或道德原則（principles of morality）。

1. 警察具有逮捕某人的權威，因為法律賦予警察這項權利。
2. 國會具有立法的權威，因為憲法賦予國會這項權利。

描述權威和權力的不同

為了有助於了解權威和權力的差異，請閱讀以下的句子，然後回答「你的看法如何？」的問題。準備好後，向全班分享你的回答。

1. 艾莉森開車超速，被警員凱倫開罰單。
2. 傑瑞叫馬蒂別接近他的女朋友，否則傑瑞就要對他進行「特別關照」。
3. 阿瓦雷茲法官判處瑪姬緩刑。
4. 越戰期間，璜拒絕服兵役，因為他認為殺人是不道德的，但結果被政府判刑入獄。
5. 阿瑟整個禮拜都不讓女兒出門，因為上禮拜六她過了門禁時間才回到家。
6. 鮑伯的塊頭比班上同學都要高大，在餐廳用餐時他大搖大擺地插隊。
7. 珍是一家地下賭場的老闆，她威脅一名賭客速還賭債，不然就請他等著瞧。
8. 兩名幫派分子為了尋仇，對艾迪開槍，造成他殘廢。
9. 在電影院裡，阿里叫鄰座的兩個女孩離開，因為她們太吵鬧了。
10. 餐廳經理對莎莉說，她不可以在餐廳的非吸菸區抽菸。

● 對於那些為了抗議越戰而燒毀入伍令的人，你認為美國政府有逮捕他們的權威嗎？

你的看法如何？

1. 以上哪些例子說明了「行使權威」？為什麼？

2. 以上哪些例子說明了「行使權力」？為什麼？

3. 為什麼辨別「權威」和「權力」是很重要的事？

學以致用

1. 學習權威的概念時，你可以開始記筆記。首先簡單寫出四個真實或虛構的事件，分別說明它們屬於使用權威或使用權力的例子。你可以根據個人經驗，或是引用報紙、雜誌、書籍、電視或電影為例。

2. 針對「行使權威」或「行使權力」準備兩個新聞剪報或影片，向同學說明你的見解。

第二課　權威的來源？

本課目標

在本課當中，你會學習可以在哪裡察覺權威的存在，並學到一些支持權威具有正當性的常見論證。上完本課，你應能辨別權威的例子，並能解釋與權威的來源和正當性（justification）有關的不同論點。

關鍵詞彙

角色 roles
機構 institutions
最高力量（神）supreme being
君主政體 monarchies
君權神授 divine right
同意 consent
權威來源 source of authority
特權階級 aristocracies

權威在哪裡？

我們可以在哪裡察覺權威的存在？每天我們都會遇到擁有權威的人，管理我們和我們的舉動。家長、老師、警察和政府官員，就是有權規範我們行動的人。此外，規則和法律也控制或影響我們的行為。一些最常見的權威來源如下：

■ 規則和法律：規則和法律控制人們的行為，從這點來看，它們具有權威。例如，當你遵守上學的要求（requiring），就是認可（recognizing）這項法律的權威。

■ 習俗：習俗是長久流傳的行為方式。習俗控制（control）人們的行為，因此可以說它們具有權威。例如當你遵守「先到先服務」（First come, first served.）的

常規慣例（practice），就是認可這項已根深蒂固（well-established）的習俗的權威。

■ 角色：社會上有些角色有權可以控制他人，無論這個角色是由誰擔任。舉例而言，任何人擔任「警察」這個角色，就具有要求人們遵守交通法規的權威。

■ 機構：在特定機構共同工作的一群人，也具有控制或影響他人的權威。例如：國會是一個機構，國會擁有通過法律的權威，而非個別議員具有這項權威。

● 國會制定法律的權威，其來源是什麼？

■ 道德原則：來自宗教、族群和個人意識的對錯觀念，經常會左右我們的行為。例如：聖經對許多人而言具有權威。

權威從哪裡來？

我們已知道可以從一些地方察覺權威的存在。但是權威的來源是什麼？某些角色、機構、法律、習俗和道德原則，是如何擁有可以控制他人行為的權威或權利？警察從哪裡獲得命令別人行動的權利（權限）？為什麼有些人相信聖經擁有指導他們行動的權威？國會從哪裡獲得立法的權利（權限）？到底權威的來源是什麼？

有時候，一項規則或一種職位（position）的權威來源，必須追溯一連串的步驟。比方說：在美國，老師維持班級秩序的權威，可以溯及有權管理學校的校長，校長僱用了教師，然後追溯到任命校長的教育官員，再到指派教育官員的教育委員會。接下來還可以再追溯到各州的教育委員會，然後再到教育規範，這些規範讓各州的教育委員會有權制定經營學校的相關規定。最後，權威可以追溯至制定相關規範的州議會，然後追溯到使各州立法機構得以設立的憲法。

然而追根究柢，我們可能會問：「政府、習俗、道德原則等權威的終極來源是什麼？」我們可以根據答案來判斷權威是否具正當性。換句話說，檢視政府、習俗或道德原則的權威來源，有助於我們決定是否應該加以遵守。例如：某些習俗的終極權威來源，僅是因為流傳已久，眾人未經思索就接受。假使這些習俗並沒有任何足以支持它們的好理由，你可以決定不要遵守它。

有哪些論點被用來支持統治者和政府的權威具正當性？

根據歷史，統治者或政府宣稱他們的權威來自於：

● 宣誓效忠的字句，如何反映出權威來源的概念係來自於「受統治者的同意」？還有哪些方式，說明了人們同意被政府統治？

■ 世襲（家世、血統、出身）：有些統治者表示他們繼承前任統治者的權威，而前任統治者則由最高力量（神）賦予統治的權利。世襲的君主政體（monarchies）與特權階級（aristocracies）都是如此。

■ 知識：有些人認為才識出眾、博學多聞的人，有權統治別人。

■ 受統治者的同意：現今許多政府主張他們的權威來自人民的賦予，人民是權威的終極來源。人民同意並接受被他們所選出來的代表統治。

■ 最高力量（神）：統治者通常宣稱他們的權威來自最高力量（或神）。例如：國王與女王表示他們具有神授的王權，也就是說，是神賦予他們權威。

為什麼了解權威的來源很重要？

我們必須了解權威的來源，才能判斷權威的行使者是否有權利做他們所做的事。比方說，如果我們知道憲法賦予國會某些權力，那麼我們就可以根據憲法來判斷國會通過的法律是否符合國會的權限（職權範圍）。我們也可以要求了解憲法權威的來源。就美國的民主政府型態而言，憲法的權威源自於人民的同意。

人們對於權威的來源究竟是什麼，以及對於前述這些不同的權威來源彼此之間是否具有位階優位性一事，各有不同的看法。要討論這類問題，就必須先辨識及評估不同的權威來源。

辨別權威的來源

　　以下將探討不同的權威來源。老師會將班上同學分為五組，每一組要讀老師指定的練習題，並討論「你的看法如何？」的問題，然後每組選出一位代表向全班報告該組的答案。

第一組：好客的規定

　　這一組文選節錄自《萊茵黃金的故事》，它是德國和北歐的民間故事，描寫由萊茵河三少女守護窖藏黃金的事蹟。這段文選說明：為什麼英雄西格蒙可以在他的死對頭韓汀的城堡過夜而覺得安全。

> 　　西格蒙不得不在韓汀的城堡過夜，有三個原因。第一，西格蒙是位膽識過人的英雄，不會逃避危險。第二，西格蒙不願意把美麗的少女獨自留在韓汀身邊，他是個殘酷而邪惡的強盜。第三，韓汀曾對西格蒙說：「自古以來的習俗，讓你在我的城堡時可以安全無虞。」也就是說，當西格蒙在韓汀的宅中作客，如果韓汀傷害西格蒙的話，那是不公平而且錯誤的行為。這就是好客規定。正如主人不會傷害客人，客人也不會利用這項規定去傷害主人。既然韓汀確實遵守了這項成規，如果西格蒙半夜帶著少女逃出韓汀的城堡，西格蒙就會被認為膽小、可恥。這也是因為西格蒙已經答應韓汀，他絕不會在夜半逃走。

你的看法如何？

1. 什麼是習俗？

2. 習俗如何成為權威的來源？

3. 還有哪些權威來源也是來自習俗或傳統？

4. 遵守習俗有什麼優點或缺點？

第二組：廷克訴迪摩因市獨立學區（1969）

1965 年 12 月，愛荷華州迪摩因市的一群學生和他們的家長決定要佩帶黑色臂章表達他們反對越戰的心意。許多公立學校的校長得知這項計畫後，便採取一項政策，特別是禁止學生在校佩帶黑色臂章和反戰標誌。廷克的孩子們知道學校已定下這項政策，他們也明白如果不服從它，將會被學校處罰。然而到了 12 月 16、17 日，廷克的孩子帶了黑色反戰臂章到學校，不過他們沒有干擾學校作息、沒有示威抗議，也沒有引發暴力事件。

● 廷克的孩子們戴反戰臂章上學，他們依據的權威來源是什麼？

校長請廷克的孩子們到校長室，要求他們把臂章拿下來。他們拒絕了，結果被停學，除非他們同意在學校不帶臂章才能復學。後來廷克為孩子們提出告訴，控告學校侵犯他們自由表達思想的權利。廷克表示，他的孩子們並沒有妨礙其他學生的權益，也沒有干擾學校的作息。學校官員則表示，他們制定這項政策是為了避免學校紀律遭到破壞；他們並宣稱，學校並不是政治示威的場所。

最高法院最後裁決廷克的孩子們獲得勝訴。最高法院表示，佩帶臂章是表達思想的一種形式，是美國憲法增修條文第 1 條的保護範圍。法院宣稱：「在學校的大門內，美國憲法仍能保護學生或教師的言論及表達的自由。」

你的看法如何？

1. 學校制定禁止佩帶臂章政策的權威從哪裡來？

2. 最高法院裁決的權威來源是什麼？

3. 憲法的權威來源是什麼？

4. 遵守憲法的優點或缺點是什麼？

第三組：論公民不服從的責任

以下的短文節錄自美國散文家梭羅（Henry David Thoreau, 1817～1862）的一篇文章。梭羅拒付人頭稅，以表示他反對奴隸制及美墨戰爭的決心。政府當局逮捕了他，並將他拘留在獄中一晚。幾年後，他於 1849 年寫下了這篇關於良心的經典文字。

> 人民應該為了立法者而違背自己的良心嗎？那麼人們還需要良心嗎？我認為，我們首先應該做為人類，其次才是一國的國民。培養對法律的尊重，不如培養尊重正義來得重要。我唯一的義務，就是去做對的事。法律從不能讓人公正行事。事實上，許多尊重法律的人，卻因為法律而行為偏頗。以下就是不當地尊重法律所帶來常見而自然的結果：你率領一隊軍人，包括上校、上尉、下士、士兵，大家井然行進、翻山越嶺，為的是參與一場不合常理、違背自己良心的戰役。他們很清楚這場戰役是不對的，但他們默默前進。這些軍人在戰場上是否被當作人看待？還是被看作是服務於當權者的移動堡壘和槍枝？

你的看法如何？

1. 梭羅這段文字，描述權威的來源有哪些？

2. 良心或個人的道德觀如何能成為權威的來源？

3. 是否有高於政府的法律？為什麼？為什麼不？

4. 什麼時候人民可以拒絕服從他／她認為不公平的法律？

● 梭羅抗議 1846 年美墨戰爭，他所依據的權威來源是什麼？

第四組：《五月花號協定》

　　一陣風把五月花號吹到了新大陸的某個地方，位於原先計劃抵達地點的北方。五月花號上的清教徒們發現，他們所在之處並非維吉尼亞公司所管轄，於是決定創立他們自己的政府。1620 年 11 月，五月花號上的清教徒起草了一項協定，由船上的四十一位男性簽字；根據這項《五月花號協定》，清教徒決定自治。

●根據《五月花號協定》，普利茅斯殖民地統治者認為他們的權威來源是什麼？

　　在《五月花號協定》中，清教徒認為「我們應該同意大家結為一體，並服從經過我們同意創制並選出的政府及統治者。」他們認為最好「結為一個政治實體」，來制定法律、憲法、法案和政府機關，這樣才有益於殖民地。清教徒們同意遵守、服從這項由他們共同同意之下制定的權威。

　　《五月花號協定》的執行期間為 1620 年至 1691 年。1691 年，位於普利茅斯的殖民地，被納入麻薩諸塞灣殖民地（Massachusetts Bay Colony）。

你的看法如何？

1. 《五月花號協定》的權威來源是什麼？

2. 《五月花號協定》中，對於政府制定法律的權威來源的基本信念（belief）是什麼？

3. 如果五月花號有些清教徒拒絕簽名，他們具有服從協定的義務嗎？

4. 由於男性沒有要求女性在協定上簽字，她們必須服從這項權威嗎？小孩呢？為什麼必須服從？為什麼不？

第五組：《美國憲法》

《美國憲法》於 1787 年在費城起草，但直到各州批准才生效。下面節錄自憲法的摘要，說明了聯邦政府權威的來源。

前言

我們美國人民，為了建立一個更完美的聯邦、樹立正義、確保國內安寧、提供共同的國防、促進全民福利，以及篤定將自由的美好事物帶給自己與後代子孫，確實為美國聯邦制定與訂立了這部憲法。

● 草擬《美國憲法》的先驅們是根據什麼樣的精神來訂定美國的憲法？

第一條

第一款、本憲法授予的立法權，全部歸於國會；國會係由參議院與眾議院組成。

第二條

　　第一款、行政權力賦予美國總統所有。

第三條

　　第一款、美國聯邦司法權，屬於最高法院，以及國會經常可制定與設立的下級法院。

你的看法如何？

1. 憲法權威的來源是什麼？

2. 國會、總統、最高法院的權威來源是什麼？

3. 憲法中構成政府權威的來源的信念是什麼？你認為這些信念是合法的嗎？為什麼？為什麼不？

學以致用

1. 在筆記中，簡單寫下你自己曾行使三種不同來源的權威的經驗。
2. 思考警員開超速罰單時所具備的權威。畫一個圖表，追溯警員權威的終極來源。準備向全班同學說明你的圖表。
3. 針對廷克的孩子的案件寫一篇評論，提出反對或支持的意見。解釋他們行動的權威來源。

MEMO

第三課 如何運用權威？

本課目標

在本課你將學習關於權威的運用。你會檢視是否需要政府權威的兩種觀點，並評估政府權威介入水污染紛爭的情況。讀完本課，你將能說明如何運用權威來處理問題。

關鍵詞彙

自然狀態 state of nature

我們為什麼需要權威？

仔細回想你每天遵守的所有規則。然後想一想所有當權者有時候吩咐你做的事情。你會覺得規則太多嗎？當權者太多嗎？

你是否曾經想過，如果沒有規則、沒人當權，會如何？試想某天早晨當你起床，所有規則、法律、警察、法院、學校行政人員和政府都消失了。

● 如何以 1992 年洛杉磯暴動為例，說明我們需要權威？

■ 可能會產生什麼問題？

■ 你還擁有什麼權利？

■ 你如何保護你的權利？

評估政府存在的必要性，並表達自己的立場

閱讀以下兩篇文章。然後和一個夥伴討論「你的看法如何？」的問題。準備好後，向全班分享你的答案。

改寫自「政府論」兩篇

約翰洛克，1690

　　許多人曾設想過沒有政府、規則和法律的生活。英國哲學家洛克（1632～1704）曾描寫自然狀態（state of nature）的生活，這是一個想像的情境，眾人群居，沒有政府管理他們。

　　生活在自然狀態中的人民是自由的。為什麼人們願意放棄自由，而讓自己臣服於政府的權威之下？這答案是顯而易見的：在自然狀態中，自由的喜悅充滿不確定感。人們總是處於腹背受敵的狀況中。生活是危險的、充滿恐懼的。這就是為什麼人們要與他人分享追求安全感的需要、加入團體生活。這麼做，是要保衛他們的生命、自由和財產。

　　在自然狀態中，缺乏許多維持安全生活所需的事項。首先，它缺乏所有人民同意且眾所周知的法律制度，以致沒有據以解決紛爭的對錯標準。第二，缺乏具有權威的法官來排解糾紛。第三，沒有任何人或任何團體有執法的權威。

　　因此，這就是為什麼人們要聚集在一起，在政府的權威保護下過日子。這也就是為什麼人們同意根據社會的共同意見而設立懲處機構。人們的同意，就是立法、司法和行政等政府權威的來源。

改寫自「論公民不服從」

梭羅

　　美國散文家梭羅，上一課我們也曾引用他的文章。在本文中，他質疑或許政府根本沒有存在的必要。

　　我非常欣賞這句話：「管得最少的政府是最好的政府。」我也相信：「什麼都不管的政府是最好的政府。」如果人們都這麼想，那麼政府根本沒有存在的必要。

　　軍隊是否有存在的必要，也是具有許多爭議。同樣的爭議論點，也可以用來反駁政府存在的必要性。畢竟，軍隊只是政府的一部分。在人民制衡政府之前，政府的權威或許已輕易被濫用了。

　　政府不是活生生的獨立個體，缺乏人的生命力。是美國人民的生命力，成就這個國家。

你的看法如何？

1. 根據洛克的見解，如果沒有政府的權威，會引發什麼樣的問題？
2. 洛克認為政府權威的來源是什麼？
3. 梭羅主張需要政府權威的立場是什麼？
4. 如果沒有政府，人們必須準備面對哪些社會變化？

權威的運用

　　我們閱讀了欠缺適當權威而可能發生的問題。如何運用權威來解決這些問題？權威的存在，有一些重要的目標：

■ 權威可以保護重要的權利和自由。例如：憲法保護人民表達與信仰的自由。
■ 權威可以確保資源和責任的公平分配。例如：政府認為所有的兒童都有平等的機會就讀公立學校。

● 如何運用憲法權威來保護宗教信仰的自由？

■ 權威可以和平且公正地處理紛爭。例如：法律體系有權讓嫌犯獲得公平審判的機會。

● 如何運用法律體系的權威來處理衝突？

評估權威的運用

　　多年以來，明尼蘇達州的一家礦產公司，每天把 67,000 噸的有毒廢棄物倒進蘇必略湖中。距離這家礦產公司南部 60 哩的杜魯斯鎮，在經過環境保護署的檢測後顯示，小鎮的飲水中含有高濃度的致癌纖維，而當地飲水即來自蘇必略湖。環保署追蹤污染物的來源，正是那家礦產公司倒入湖中的廢棄物。

　　為了找出解決的方案，環保署和礦產公司舉行了會談。不過，他們的談判破裂，案子就進了法院。環保署要求法院立即下令關閉工廠，直到他們清除污染蘇必略湖的廢棄物為止。礦產公司則表示，若要遵守環保條款所費不貲，而且如果關閉工廠，他們就必須裁減 3,000 名員工。

　　後來本案上訴到聯邦法院，最後法院裁決，有毒廢棄物可能是致癌的原因。然而，法院認為廢棄物污染並不是立即的危險，因此法院給予該公司三年半的時間，讓他們解決污染蘇必略湖的問題。

你的看法如何？

1. 如何運用權威來處理水源污染的問題？

2. 如果缺乏有效的權威來處理污染情況，可能還會引發什麼問題？

3. 這個情況還可以運用哪些其他的權威方式加以處理？

學以致用

1. 仔細回想你一整天，從起床直到現在的閱讀，有哪些活動是受到規則或法律所支配？這些規則或法律的目標是什麼？你認為它們是必要的嗎？把你的答案記在筆記中。

2. 連續閱讀最近幾天的報紙，從報紙上摘錄缺乏有效權威而引發的問題。當你完成這項問題清單，寫下你認為權威如何能幫助解決這些問題的建議。

3. 讀了洛克對於自然狀態的想法，你同意洛克的見解嗎？還是不同意？寫一篇文章，描述如果生活在自然狀態，你的生活會變得如何？

第二單元：如何評估權威職位的候選人？

● 不同的權威職位，應該要有什麼樣的資格條件？

單元目標

　　執行權威者，通常有權控制或影響我們的生活。國會議員、州議員、市議員制定許多重要法令，警察則監督人們是否守法。而校長、老師和家長則制定與年輕人息息相關的生活規則。

　　我們必須審慎選出擔任權威職位的人，因為他們對我們的生活有極大的影響。執行權威的人如果稱職，我們的生活會更輕鬆愉快。反之，就會使一般民眾的生活困難且不悅。

　　不同的權威職位，需要不同的資格條件。有些人適合當警察，但或許不適合當法官；反之亦然。我們在選擇權威職位者時，考慮他們是否能夠做好份內工作，是非常重要的事。

　　在本單元中，大家將學習選擇權威職位者的一些重要步驟。

LESSON4

┃第四課　如何選擇合適的人擔任權威職位？

┃**本課目標**

　　本課介紹一套「思考工具」，有助於選擇適合擔任權威職位的人。這些「思考工具」也可以用來評估現任的權威職位者是否稱職。

　　上完本課後，你應該可以指出並說明某一權威職位的基本要求。你也應該可以指出並說明擔任該項職位的人，所需具備的資格條件。

關鍵詞彙

權威職位 position of authority
資格條件 qualifications
婦女投票權 woman suffrages
勤勉 diligence
廢奴主義者 abolitionist
禁酒節制 temperance

好的領袖要具備哪些條件？

　　閱讀以下的文章，並回答「你的看法如何？」的問題。這些問題能幫你思考適合擔任權威職位者所需要的特質。

蘇珊・安東尼（Susan B. Anthony, 1820～1906）

　　蘇珊・安東尼—主張廢除奴隸制、倡導禁酒，她更是一位重要的女權鬥士。她深信婦女如果沒有投票權就無法獲得全部的權利。安東尼是位手腕高明的群眾組織者，她是促成美國聯邦憲法增修條文第 19 條，亦即婦女投票權的合法化的重要推手。安東尼推動女權不遺餘力，結果長年遭到別人的排斥與粗魯的對待。媒體詆毀她，陌生人奚落她，當她演講時，民眾常對她丟擲雞蛋和爛水果。

　　安東尼出生在貴格教派家庭，是位聰明而獨立的女性。她的教育程度很高，並曾當過多年的老師。然而，她志不在此。她致力於必須曠日費時、勞心勞力的道德改革運動。那時候，人們還認為女性應該以家庭為中心，而安東尼運用她的智慧、決斷力和組織手腕推動她所信仰的理念。由於當時禁酒運動只允許少數婦女參加，於是她另外創立了紐約婦女禁酒協會。然而，她的首要考量是，希望進一步推動女權。安東尼是最早爭取婦女投票權的領袖之一，而1892 年，她被選為全美婦女投票權運動協會的會長。

　　回顧 1872 年 11 月，警察逮捕安東尼，因為她企圖在總統選舉中參與投票。幾個月後，她再度被逮捕，因為她企圖在某市的選舉中投票。雖然她被起訴，但她拒絕給付罰鍰。不論是大眾的取笑或是牢獄之災，都無法改變她所堅持的信仰。

　　安東尼堅持組織國際性的婦女投票權運動協會、彙編及出版投票運動史的書籍，並馬不停蹄地巡迴全國各地演說女權議題，長達半個世紀。安東尼於 1906 年辭世。幾年後，她主張婦女獲得投票權的夢想終於成真。

● 成功的社區改造領導人或倡導者應該具備哪些條件？

你的看法如何？

1. 在婦女選舉權運動中，擔任權威職位者的責任是什麼？

2. 安東尼的哪些特質，讓她成為一個成功的領導者？

如何選擇權威職位的適任者？

前面的活動中，大家列出了一些稱職的權威職位者所應擔負的責任以及所需的特質。我們經常會有選擇某人擔任權威職位者的機會。為了做出明智的選擇，我們需要一些「思考工具」。就像修車、烘焙麵包要有一套工具一樣，在檢視議題時，我們也需要一些工具。

「思考工具」包括了許多概念，對於整個社會和社會角色的觀察，以及用來分析各種狀況和做決定的一些問題。以下就是一些能用來判斷某人是否有資格擔任特定職位的「思考工具」：

1. 該項職位有哪些職責、職權、特權和限制？

在我們判斷某人是否稱職之前，必須先思考職務本身的相關問題。

2. 一個人應該具備什麼資格才能勝任這個權威職位？

適任某個特定職位的特質，應該是讓人勝任愉快，並有權力可以把份內工作做好。不同職位會有不同的條件，但仍有些普遍的重要特質：

■ 特殊的知識或技能
■ 體能（生理耐受力）
■ 處事公正
■ 正直
■ 有智慧
■ 勤勉
■ 可靠或可以信賴
■ 勇敢
■ 能與他人合作
■ 能敏銳知悉別人的需要與權利
■ 對工作相關議題的視野

3. 每位候選人分別有哪些優點和缺點？

　　選擇某一個職務執行者時，必須評比每位候選人的特質，以便挑選出最符合該職務需求的人選。

4. 哪位候選人最適合這個職位？為什麼？

　　根據以上三個問題的答案所得到的資訊，你應該可以說明自己的選擇及理由。

評估一位稱職的總統所應具備的特質

　　下列的活動讓我們有機會運用剛才學到的「思考工具」。全班將進行分組練習，閱讀美國聯邦憲法第 2 條中關於美國總統職務的規定內容，接著和小組成員一起完成第 34 頁的「思考工具」表。最後，再跟全班分享小組的討論成果。

第二條

第一項

　　……總統於就職前應做如下之宣誓：「余鄭重宣誓，余必忠誠執行美國總統之職務，並盡余之能力以維持、保護及防衛美國憲法。」

● 某一項權威職位的職責、職權、特權和限制，如何幫助你判斷能勝任此職位者的特質？

第二項

　　總統為美國陸海軍總司令，並於各州國民兵奉召為美國服務時，兼任其總司令。……總統並有權對於違反美國之罪行予以緩刑及赦免，惟彈劾案不在此例。

　　總統有權依參議院之建議及同意，與他國締結條約，但須得出席參議員三分之二之贊成；總統有權提名，並於獲得參議院同意後，任命大使、公使、領事、最高法院法官以及任命未經憲法別有規定而為法律所設置之美國其他官員；但國會得就其認於適當之下級官員任命權，以法律授予總統、法院或各行政部首長。

　　總統對於參議院休會時所產生之官員缺額，有權暫予補足，但其任期至參議院下次會議終結時滿期。

第三項

　　總統應隨時向國會進行美國國情咨文，並以其認為必要與適當之措施送於國會，以備審議；總統得於非常時期，召集兩院或其中任一院；遇兩議院對於休會期間意見不一致時，總統得命休會至其本人所認為適當之時間。總統應接見大使及公使，應注意法律是否切實執行，並應任命美國一切官吏。

你的看法如何？

1. 擔任總統職位的人選，需要哪些特質？

2. 回想一下，你認為安東尼做為婦女投票權運動領導人的特質。哪些特質和總統所需要的特質相似？哪些特質不同？

學以致用

1. 挑選一個有權威職位者參加的電視節目。寫下那位權威職位者的職責、職權、特權和限制。接著，描述執行該職務的權力的特質，說明你是否認為這位權威者勝任該職位。

2. 試想未來你希望擔任的權威職位。在筆記中簡介該職位的內容、擔任該職位所需的特質，並說明為何足以勝任該工作。

美國總統職位的職責、職權、特權與限制	總統應有的特質
問題	答案
職責與職權。 總統有責任和權力執行下列事項： ■ 定期對國會發表國情咨文 ■ 確保法律能確實地執行 ■ 統帥軍隊 ■ 任命最高法院之法官 ■ 任命行政部門之首長 ■ 維持、保護、防衛美國聯邦憲法	為能執行這些任務和行使權力，總統應該：
特權。 總統具有下列特權： ■ 領取豐厚的薪資與津貼 ■ 搭乘專機及專車 ■ 居住於白宮，並可使用大衛營 ■ 受特勤人員保護 ■ 受內閣及其他行政部門成員的協助 ■ 享有免費醫療照護	為不負人民所託，行使這些特權，總統應該：
限制。 總統不能做下列事情： ■ 任期超過兩任 ■ 涉及叛國、賄賂或其他輕、重罪行 ■ 違反美國聯邦憲法	為了遵守這些限制，總統應該：

MEMO

第五課　你會選誰擔任這個職位？

本課目標

　　本課讓我們運用前面學習到的「思考工具」，來決定某一個權威職位的最適合人選。學完本課，你應該可以說明你用來選擇候選人的考量因素。

關鍵詞彙

徵稅 levying
污染 pollution
社會福利計畫 welfare program

支持某位公職候選人

　　在這個練習中，大家要選出一位州議員。全班將進行一場由報社編輯委員會召開的推薦審查會議，會議中由中央市日報記者及編輯群，對四位州議員候選人進行提問。進行這次角色扮演活動前，請先閱讀「中央市」的簡介、「中央市民備忘錄」，接著是「執行編輯委員會推薦審查指導守則」（Instructions for Conducting the Editorial Board Endorsement Interviews）。

中央市

中央市是美國中西部地區的一座工業大城，全市有許多工廠，為中央市民提供許多就業機會。

中央市的市中心有許多問題有待解決：犯罪率居高不下、住宅和學校設備都不合標準；而且該市失業率很高，毒品、暴力及污染問題也很嚴重。

中央市有 33 所小學、20 所初中及 17 所高中。全市的學生都就讀這些學校。此外，郡政府剛興建完成一所醫院，其中有部分經費來自州政府的補助。

中央市有兩座主要的市立公園，而在幾哩外也有一座州立公園。在冬季，這些公園非常適合民眾玩雪橇和滑冰。夏季期間，民眾常在公園裡野餐、游泳及打棒球。

中央市與其他社區連結的交通要道，是來自州稅及聯邦稅金而建造的幾條高速公路。

● 治理大都市的人需要具備哪些資格？

　　中央市市政府，每四年由民眾選舉市長及市議員。中央市選民每兩年也有權選舉州議會的議員。州議會具有執行以下任務的權威：

■ 徵收稅金（Levying taxes）

　　州議會有權徵收人民所得稅，並對某些商品課徵銷售稅。

■ 決定怎樣使用稅收

　　州議會有權決定如何使用該州的稅收。過去州議會將稅收用於學校、州立高速公路、州立公園、野生動物保護、水庫及水資源系統。同時，也將稅收用來補助農民及低收入者、殘障者。

■ 通過新法案

　　州議會有權制定或改變該州法律。州議會通過的法律內容包括：

1. 將某些行為定為犯罪行為。
2. 管理汽車買賣、發給執照和行駛安全事宜。
3. 訂立某些職業所需的資格標準。
4. 影響學校課程的制定。

■ 決定最低薪資標準及被僱用者的福利

　　州議會有權決定最低時薪，以及制定某些特例。州議會也可以決定雇主必須提供給員工的福利，包括有薪產假、病假，以及工作傷害的補償。

中央市民備忘錄

發文者：選民聯盟

主　旨：關於下週的選舉

我們認為下週的選舉非常重要，因此準備了下列資訊供您參考。希望它對您在選擇候選人時有所幫助。

州議員有責任和權力執行下列事項：

■ 為所有中央市民謀福利
■ 參與州議會的會議
■ 參加委員會
■ 執行及參與聽證會

■ 提議新的法案
■ 投票表決新立法提案
■ 能持平考量該州其他社區的需求與利益

為能有效執行上述責任與權力，州議員必須：

■ 了解所有民眾的利益，並願意為每一個人謀福利
■ 可靠，儘可能參與會議，準時出席會議
■ 與其他人合作愉快，能協調、商談與說服別人
■ 必須做好充分的準備，心胸開放，做個好聽眾，也是個好的質詢者
■ 精通創制法律的技巧
■ 為中央市民及本州其他社區的民眾設想適當的福利
■ 當中央市的利益與其他社區衝突時，態度必須公平公正

州議員享有以下特權：

■ 年薪 45,000 美元
■ 議事言論免責權

為享有上述特權，議員應該：

■ 勤勉且貢獻必要的時間，以賺得該職位的薪資
■ 言行高尚謹慎

州議員的職務限制包括：

■ 擔任州議員期間不得兼任其他有給職務
■ 不得投票給任何有利益衝突的法案
■ 推動違反美國聯邦憲法或州憲法的法案

為配合這些限制，州議員應該：

■ 誠實、可靠，拒絕接受議會外的工作薪資
■ 避免投票支持對議員有個人利益的法案
■ 了解並支持美國憲法及州憲法的基本原則

執行編輯委員會推薦審查指導守則

全班將被分為五組。一組扮演中央市日報編輯委員會,其他四組代表四位州議員的候選人。每一組都必須遵守以下的指示來準備編輯委員會的推薦審查。

學生應仿照《與媒體見面》(Meet the Press)之節目

● 電視轉播的候選人辯論和新聞媒體的提問,如何幫助我們評估權威職位候選人能否勝任?

模式 [1],由編輯委員會向四位候選人提問。每位候選人發表開場演說後,編輯委員會的成員可以提問。每位候選人小組的其他成員可以協助候選人回應提問。

第一組:編輯委員會

這一組代表中央市最大報 —— 中央市日報的編輯委員會,這個委員會將支持某一位候選人,而中央市日報編輯委員會的支持,將會對該位候選人的競選,具有拉票的實質幫助。

這一組成員應該閱讀並討論下列每位候選人的個人檔案。列出每位候選人的優、缺點,可以參考「中央市」簡介及閱讀「中央市民備忘錄」,以了解州議員的責任和擔任州議員所需的特質。

---

[1] 《與媒體見面》是由美國國家廣播公司(NBC)製作的新聞訪談節目。該節目是全世界播映史上最長久的節目,從 1947 年 11 月 6 日首映持續播出至今。

《與媒體見面》專注於專訪國家領袖或是談論與政治、經濟、外交和其他公共政策。這類型的節目幫助電視公司完成公眾服務的義務。

　　準備向每一位候選人提問的問題清單，當每位候選人 3-4 分鐘的開場演說結束後，編輯委員會有 5 分鐘的質詢時間。這一組的問題應該要能探測候選人是否具有履行州議員職位責任的能力。

　　選出一位主席主持審查。主席將對候選人說明程序如何進行。在候選人的開場演說之後，主席也要控制討論時間。請注意，每一位候選人小組的其他成員可以協助候選人回應提問。

第二組：候選人小組

　　候選人小組必須閱讀並討論你們所代表的候選人個人檔案。列出你們代表的候選人的優、缺點，閱讀「中央市」簡介及「中央市民備忘錄」，將有助於你們完成這項工作。

　　每一個候選人小組必須選出一位代表，扮演候選人。其他成員則協助這位候選人充分準備，面對編輯委員會的質詢，並擬定一篇簡短的開場演說，使候選人能說服編輯委員會相信他／她具有妥善履行此工作的所需的特質。其他成員也應該協助這位候選人演練編輯委員會可能詢問的問題。記得：要強調你們的候選人為什麼是最佳人選，其他成員則可以在詢答進行時協助候選人。

候選人檔案

拉烏・賈西亞

　　背景：賈西亞是中央市土生土長的市民。已婚，有三位成年子女。賈西亞的妻子在布行工作。

　　經歷：自從 17 歲起，賈西亞就在某家工廠工作，並被升為領班。他是該工廠的元老員工之一。很多人認為，賈西亞致力於工會活動，為工會勞工爭取更高薪資及更多福利。

　　政見：賈西亞認為工人的最低薪資太低，而工人也需要更好的福利，例如：健保計畫。他也認為該州應該通過立法，讓雇主為員工提供更多福利。

珍妮佛・布朗

背景：布朗出生於中央市，但她們全家在她小時候搬到附近的鎮上。布朗在州立大學獲得法學學位，後來回到中央市擔任律師工作。

經歷：布朗是中央市最具規模的一家律師事務所的合夥人，她處理過各種類型的案件。當勞工們第一次籌組工會時，布朗替他們爭取權利。後來，當工會向資方爭取提高工資與改善福利時，企業聘請布朗為他們的立場辯護。布朗是該州律師協會以及商會成員。

政見：布朗關心地方與州的問題。她認為她的律師工作經驗，有助於她成為一位有效率的議員。同時，布朗也認為控制工業污染的法律，不但對業界不公平，也不能保護環境。她希望改善這些法律。

派翠西亞・張

背景：張小姐生長於中央市。已婚，育有一子，在家長會及婦女團體都是活躍分子。

經歷：張小姐在中央市的高中教授美國歷史、美國政府的課程達 11 年，學生很喜歡她，其他老師也很敬重她。張小姐是社會科教師協會的成員。

政見：張小姐認為，公立學校需要獲得州政府更多的支持。她認為提高教師薪資、減少每班學生人數，將可提升公立教育的水準。張小姐很注重環境污染問題，尤其是當地水泥工廠造成的污染。她也認為州議會應該撥更多經費，做為社會福利計畫之用。

威廉‧比爾‧梅爾斯

背景：梅爾斯已婚，與他的妻子生長於中央市附近的農場，他們有三名就學中的子女。梅爾斯與家人非常喜愛中央市附近的公園與湖泊。

經歷：自從高中畢業後，梅爾斯就進入水泥公司工作，已擔任 10 年的經理。一般認為，梅爾斯是一個優秀且具效率的經理人。他是商會的前任會長，亦曾擔任中央市釣獵俱樂部會長。

政見：梅爾斯認為，雇主與受僱者應該自行協議員工的薪資與福利問題，而不需州政府訂定條文來規範。他不贊成增加社會福利的開支，因為他認為地方慈善團體可以提供這方面的幫助。梅爾斯認為，州政府應該提供更多經費來保護野生動物及維護公園。

你支持哪位候選人？

編輯委員會結束審查之後，委員會就必須選出一位值得推薦的候選人。在做出決定前，委員會應該考慮下列的問題：

■ 每一位候選人擔任這項職務的優、缺點是什麼？
■ 你認為哪一位候選人最適任州議員？

編輯委員會的主席將對全班公布委員會的決定，並說明他們選擇支持某位候選人的理由。全班學生也可以進行一場州議員的模擬投票。

學以致用

1. 除了編輯委員會挑選的候選人之外，你可以再自選一位候選人。寫一封信給中央市日報編輯，說明你擇選該候選人的理由。
2. 使用本課學到的標準，比較上一屆總統大選的候選人。為你支持的候選人寫一篇 30 秒的電視競選廣告文案。

UNIT 3

● 如何評估規則與法律是好是壞？

單元目標

　　前幾課我們已經學到，有時候賦予某些人執行權威的權利，對我們是很有幫助的。大多數的權威職位都跟規則有關。有些權威職位制定規則，有些權威職位則執行規則，而其他人則解決對於規則的爭議，並決定如何處置違規的人。

　　在美國的民主體系當中，我們選出的公職人員有權制定規則或法律。他們制定許多法律來保護人們的權利，也要確保社會資源能公平分配給所有公民。

　　有些人會認為，規則既然存在，那必然是好的規定。其實並非總是如此。規則之中常存在許多錯誤，要制定一條好規則並不是簡單的事。在本單元中，你將學到如何評估某些規則到底是好還是壞。你也可以學到如何改善規則，以及如何制定好的規則。

LESSON6

第六課　評估規則的好壞時，應該考慮哪些因素？

本課目標

　　本課將介紹一些用來評估規則和法律的「思考工具」。學完本課後，你將能使用這些工具去評估規則，並提出改善的建議。

關鍵詞彙

特質 characteristics
標準 criteria
假設 hypothetical

如何訂立周延的規則

　　仔細回想規則和法律在生活中的重要性。因為它們如此重要，我們必須確定我們所遵守的規則是否設想周到。

■ 如果規則設想不周延，會造成什麼結果？
■ 你會採用什麼標準，評估規則？

找出規則的錯誤

　　下列六項假設的規則，都存有問題或缺點。思考如何修正規則的缺點，有助於認識一些評估標準。閱讀下列每項規則時，請寫下你認為各項規則當中的錯誤之處。然後，將你認為一項規則所需要的特質或特性，用完整的句子逐條寫出來，例如：「好的規則應該……」。準備好後，向全班分享你的答案。

1. 每位公民至少必須擁有 10 畝地或 10,000 美元的資產，才享有投票權。
2. 任何人都不應、不能、不得隨便去重擊別人的腦袋或身體的其他任何部位。
3. 為了打造民眾的健康及身材，聯邦法律增設新條款，規定只有體重 145 英磅以下的民眾，才能在總統大選中投票。
4. 使用太多水的人必須繳罰款。
5. 警察和其他政府官員都可以任意搜索民宅。
6. 每位學生每天午餐時都必須吃 28 個漢堡。

● 警察搜索

如何評估規則？

　　身為民主國家的公民，你有很多機會可以表決規則和法律，像是直接投票或是透過民選代議士。在前面的活動中，我們已練習評估一些規定，並思考如何改善它們。因此，你已經列出一些好規則應該有的特質或特徵。

　　好的規則應該

■ 公平
■ 容易理解
■ 設計完善，能達成訂立的目標
■ 清楚讓人明白該做什麼
■ 不會不必要地侵犯其他重要價值，像是個人隱私或自由
■ 具有被遵行的可行性

　　利用這些特質去評估規則或法律是相當有幫助的。也就是說，判斷規則或法律是否具有這些特質，是評估規則或法律的「思考工具」之一。第 51 頁的表格中，另外還列出其他有用的「思考工具」。

評估法律

　　我們已經學會評估規則和法律的重要工具。下列的活動，讓我們可以運用這些工具。全班分組練習，閱讀以下的故事，並回答第 51 頁「思考工具」表格中的問題。準備好後，向全班分享你們的答案。

汽車音響擴音器法

　　由於科技日新月益，各家音響公司都開發了超級汽車擴音系統，播放的音樂震耳欲聾。擁有這種音響的車主，常常把音量開到最大，不時的干擾到其他駕駛人。為了解決這個問題，政府制定一項法律：汽車音響若在 15 公尺外能被聽見的話，則被判為違法。初犯者必須處以 50 美元的罰鍰，再犯則將被處更高的罰鍰。

　　對於這項法律，警察和州警支持它，認為開出罰單和罰鍰可以阻止駕駛人把音量開得太大。然而，製造這種音響的公司反對它，他們表示，駕駛人的教育是更好的遏阻方式。

● 你如何評估規範汽車音響的法律，是否設計得當？

LESSON6

學以致用

1. 試著舉出學校裡可能發生的某一個問題，和同學一起想出可以處理這個問題的規則。向班上其他同學說明，你們發現的問題與草擬的規則。運用剛學到的評估程序來討論你們所制定的規則。

2. 在報章雜誌的文章中，找出你感興趣的一項規則。這項規則可以與政府、商業、運動或其他領域有關。使用我們學到的「思考工具」來評估這項規則，並寫下一則評論支持自己的立場。

評估規則和法律的思考工具	
問題	答案
1. 要評估的規則是什麼？	
2. 這項規則的目標是什麼？	
3. 這項規則是必要的嗎？有沒有其他更好的方法能達成同樣的目標？	
4. 這項規則可能產生哪些效應？	
5. 這項規則有哪些優、缺點？ 　　這項規則是否： ■公平 ■容易理解 ■設計完善，能達成訂立的目標 ■清楚讓人明白該做什麼 ■不會不必要侵害其他重要價值，像是個人隱私或自由 ■具備被遵行的可行性	
6. 你的看法如何？這項規則應該維持不變，還是需要改變，或者必須廢除？為什麼？	

第七課　如何制定法律？

本課目標

　　本課要模擬美國參議院的辯論會。全班要審思一項問題，接著發展出一個解決問題的法案，提交給參議院，並說服其他參議員認同此法案為解決此問題的最佳方法。學完本課後，你應能說明你的立場，並加以捍衛。

關鍵詞彙

絕種 extinct
瀕臨絕種動物 endangered species
野生動植物保育 wildlife preservation

創制法律並為其辯護

　　假設自己是美國參議員，你得知國內許多不同種類的魚、野生動物和植物都已絕種的資訊。此外，如果不儘快採取行動，其他瀕臨絕種的生物也將有絕種之虞。

　　生物之所以會絕種，有許多原因。首先，保護瀕臨絕種動物的法律並不夠多。第二，都市的工業繁榮之際，卻沒有好好保護植物、魚類和野生動物。第三，使用有毒農藥，摧毀了某些植物和動物。

　　你和其他議員有責任和權力去制定新的法律。某議員提出改善瀕臨絕種動物問題的一項提案：「聯邦瀕臨絕種動物法」，它的目的在保護某些地區瀕臨絕種動物、魚類和植物。

在這項提案中，以下行為將觸犯聯邦法律而被判刑：

■ 從美國進口或出口瀕臨絕種的生物
■ 擁有、運送或以任何方式運輸這類生物
■ 販賣此類生物或提供交易管道

根據本提案，任何人明知故犯的話，將處以 10,000 美元罰金。

● 如何判斷一項保護如斑點貓頭鷹等瀕臨絕種生物的法律是好的法律？

評估聯邦瀕臨絕種動物法

閱讀下列問題，然後向同學分享你的答案。

1. 被評估的是什麼提案？
2. 這項提案的目標是什麼？
3. 這項法案是必要的嗎？還是有更好的方式，可以達到這個目標？
4. 你認為這項提案可能產生什麼效應？

5. 這項提案的優、缺點是什麼？

6. 你認為這項提案應該維持原樣，還是需要修改或者廢除？為什麼？

參議員小組的立場

這項提案被提交到參議院「環境與公共工作委員會」。全班將分為三組，分別扮演代表該委員會的以下各組成員。每一組都對解決瀕臨絕種生物的問題採取不同的立場。

第一組：認為中央政府負有主要責任的參議員

這一組參議員認為，解決瀕臨絕種生物的政策應該由聯邦政府來主導。你們認為，聯邦政府應該制定政策並提供資金經費，而地方政府必須協助聯邦執行訂定的計畫。你們也認為，教育機構應該負責教導保護野生生物的方法。你們願意刪減其他計畫的預算，將經費用來資助保護瀕臨絕種生物的計畫。

第二組：認為中央政府責任有限的參議員

這一組參議員認為，聯邦政府不應該負起解決瀕臨絕種生物問題的主要責任。你們相信，州政府應該負責維持該州的生態平衡，而聯邦政府應該把納稅人的錢用在比保護動物更重要的計畫上。你們認為，狩獵和釣魚可以為某些州帶來可觀的收入。你們認為聯邦政府有關保護野生生物的政策，會為那些以獵釣活動做為主要收入的州帶來經濟損失。

● 國會成員決定是否支持某項提案時，應該考量哪些論點？

第三組：贊成妥協的參議員

這一組參議員贊成前面兩組的部分立場。你們認為，各州應該保護自己的野生生物；另一方面，你們認為聯邦政府應該更加積極參與保護動物的活動。例如，你們認為國家需要制定聯邦法律防止野生動物製品的銷售（如殺害動物所取得的皮草）。你們也認為，聯邦和州政府必須分攤保護野生動物的責任與經費。

草擬法案

每一組各選出一名發言人和一位記錄；每一組應該草擬反應出該組對於解決瀕臨絕種生物問題的立場的一項法案。以下問題，可以評估你們所提的法案：

■ 你們的提案目標是什麼？
■ 你們認為有其他方法比制定法律更能達到這個目標嗎？請說明原因。
■ 如果你們的提案通過立法，它可能產生什麼效果？
■ 你們的提案的優、缺點是什麼？
■ 為什麼其他參議員應該支持你們的提案？

參議院辯論會的程序

1. 在班上選出一位同學擔任參議員「環境與公共工作委員會」的主席，主持辯論會的進行。

2. 每一組有 3 分鐘對委員會報告他的提案。報告結束後，其他參議員可以對該提案提出質疑與批評。而該提案的小組成員可以回應這些質疑與批評。

3. 若有需要，每一組可以修正自己的提案以爭取贊成票，或可以草擬並報告一個折衷的提案。

4. 辯論會結束後，委員會應該對這幾項提案進行表決。投票時，請將下列問題列入考慮：

■ 每一項提案的目標是什麼？
■ 如果提案通過，將會造成什麼影響？
■ 每一項提案的優、缺點是什麼？

學以致用

1. 你同意全班的決定嗎？為什麼同意？為什麼不同意？在筆記上寫一篇短文，描述你對委員會辯論會和投票的看法。寫下你支持哪一項提案，是處理瀕臨絕種動物問題的最佳方案的原因。

2. 挑選目前州議會或國會正在審理的一項法案，使用本課學習的標準來評估該提案。寫信給民意代表，呼籲他／她支持你對於該提案所做的建議。

MEMO

第四單元：行使權威的益處與代價？

● 政府決定執行權威 —— 把軍隊派駐其他國家以維持世界和平，如此會帶來哪些結果？哪些是益處？哪些是代價？

單元目標

　　任何權威的行使都會造成某些結果。舉例而言，美軍以聯合國維和部隊名義派兵到海外，結果可能包括協助某些戰亂地區恢復和平、解決難民問題，但也可能導致某些百姓和軍人的犧牲、公共設施的損毀，以及美國納稅人的財務損失。我們必須判斷行使權威對個人或社會帶來的益處（利）是否多於代價（弊）。

　　在本單元中，你會學到一些常見的權威的益處和代價，也會學到一些用來評估權威職位和權威機構的「思考工具」。這些「思考工具」將幫助你判斷，當權者或當權機構的職責、職權、特權和權限是否設計得當，或者需要做些修改。你也將有機會運用這些「思考工具」去設計權威職位。

LESSON8

第八課　行使權威的結果？

本課目標

　　本課要辨別行使權威所造成的結果，區分結果是益處或代價。上完本課，你應能說明權威常見的益處與代價，也能運用這些概念對權威的議題加以評估並採取立場。

關鍵詞彙

效率 efficiency
容易評估 accountability（或譯問責、可課責性）
警覺 vigilance
難以辨識或接近 inaccessibility
經濟或財務成本 economic costs
無能力 incompetence

權威的益處與代價

　　為了思考權威的後果，讓我們看看一個假設情境。假設肇因於青少年駕駛的車禍件數遽增，為了減少這類意外，州議會通過一項法案，規定 21 歲以下的民眾不能考駕照。

■ 這項法律可能會產生哪些結果？
■ 這些結果中，哪些可能是益處？哪些可能是代價？
■ 你認為與這項法律相關的人們：青少年、家長、警察和州議員，他們對於這些相關的益處與代價，有何想法？

判斷結果是益處或代價

　　兩人一組，一起討論行使權威的一些益處與代價。閱讀以下情境，然後回答「你的看法如何？」的問題，準備好後，向全班分享答案。

■ 為了防止青少年犯罪的攀升，市議會通過立法，規定 18 歲以下的民眾必須遵守晚上十點半的宵禁。

■ 為了控制污染，國會通過立法，提高工廠廢棄物的管制標準。若在半年內沒有達到這項標準的工廠，將被處以很重的罰金。

■ 為了減少暴力，州議會通過立法，未來凡是印製或販賣那些描繪暴力行為的書籍或雜誌，都是有罪的。

你的看法如何？

1. 上述各情境中的權威行使，可能造成哪些結果？

2. 哪些結果是益處？

3. 哪些結果是代價？

常見的權威益處和代價

　　對於權威的議題進行判斷時，能夠辨別可能的相關益處和代價，是很重要的。益處可能包括：

■ 安全
　　行使權威應該讓民眾更有安全感，因為權威可以帶來可預測的秩序，以及保護個人和團體的權利。例如：訂定法律懲罰謀殺、蓄意攻擊、酒駕或其他罪行，就是行使權威以提供安全。

LESSON8

■公平

行使權威讓民眾獲得公平的資源分配，亦能公平地解決紛爭。例如：法律保障每個被起訴的人都能在法院得到公平的審判。

■自由

像是「權利法案」這類法律，可以保障個人宗教信仰及言論的自由。

● 行使權威保護環境的益處有哪些？

■效率

將不同權威職位的責任區分清楚，能促進政策的決定及實施效率。例如：校長對一些老師指派不同的任務，確保學校順利運作。

■生活品質

法律和執法人員可以保障並提昇民眾的生活品質。例如：法律禁止在水資源區附近丟棄有毒物質。

■容易評估

當我們選定權威職位的人選之後，我們還要能夠監督在其位者是否善盡職責、恪遵職守。例如：選民可以監督總統是否有履行憲法對其所列的責任。

■提供基本服務

可以透過制定法律、指派人們執行權威職務，提供民眾需要的服務。例如：法律授權聘僱教師、警察、社福人員。

代價可能包括：

■濫用權力

當權者很可能濫用職位和職權。例如：蘇聯的史達林（1879～1953）濫用權力謀殺政敵。

■必須有所監控

賦予他人權威後，必須耗費時間精力，確保這些人履行責任。例如：公民團體監視政府機構和民意代表的行為。

■缺乏彈性並拒絕改變

有時候，當權者對於職掌範圍內的事物缺乏改變的意願。這樣死板的情況，

使得朝向新的或不同的狀況調整，變得很困難。例如：許多地方政府反對最高法院制定的廢除種族隔離規定。

■ 難以辨識或接近

由於許多官僚組織規模大而且分工複雜，民眾經過特定權威職務取得某些許可，是很困難的。例如：一個家庭要購買一個他們能負擔得起的房子時，可能需要拜訪好幾個不同的政府部門，以取得購屋貸款協助。

■ 限制自由

任何權威的行使都牽涉到對某些自由的限制。例如：家長訂宵禁時間，限制了子女的自由。

■ 經濟或財務成本

執行權威職務的機構或人，都是需要透過經費去支撐著的。例如：我們納稅給聯邦政府，其中包括支付官僚、民選官員、法官、執法人員和軍隊的薪資。

● 1963 年華勒斯州長行使權威，阻止阿拉巴馬大學廢除種族隔離，可能產生什麼代價？

你的看法如何？

1. 請根據個人經驗，舉例說明權威的益處。

2. 請根據個人經驗，舉例說明權威的代價。

最重要的益處與代價是什麼？

指出一項法律的益處和代價，是決定是否支持該法律的重要因素。然而，我們也必須判斷哪些益處和代價，對我們個人而言是最重要的。舉前文對青少年實施十點半宵禁的規定為例：對大人或青少年來說，宵禁造成犧牲青少年自由的代價，但卻有降低青少年犯罪率的益處。有人或許會認為，降低犯罪比犧牲青少年自由來得重要。或許有些人並不這麼認為。在檢視權威帶來的益處和代價時，我們應該將不同觀點列入考慮。

採取立場

假設州議會正在討論制定一項法案，禁止販賣與擁有具攻擊性的自動武器。老師將把全班分為五組，每一組代表下列一個組織，思考並提出該組織會如何看待法案造成的益處和代價：

■ 安全社區委員會
■ 槍枝擁有人協會
■ 警察局
■ 老鷹武器工廠
■ 和平主義者協會

你的看法如何？

1. 每一個團體考量最重要的益處與代價有哪些？

2. 哪些因素會影響一個團體如何看待不同益處與代價的重要性？

學以致用

1. 你們學校有哪些校規？選出 2-3 條校規進行討論，並描述它們的益處和代價。

2. 回想看過的電視節目或電影中，有關行使權威的片段。把這些權威造成的結果寫在筆記中，並判斷每一項是益處，還是代價。

MEMO

第九課　如何評估權威的益處與代價？

本課目標

　　本課我們將對一件在法院發生的情境，考量其中權威的益處與代價。接著，全班將舉行一場模擬審訊，討論這起關於法庭秩序的案件。上完本課後，你應能說明在對權威做出決定時，考量益處與代價的用處為何。

關鍵詞彙

公設辯護律師 public defender
法警 bailiff

批判思考 練習

評估權威的益處與代價

　　老師將全班學生分為三組：一組扮演亞倫的辯護律師、一組扮演檢察官，另一組是承辦這件上訴案件的法官。為了準備審訊的進行，每一組應該先閱讀本案的背景資料，思考本案涉及的各項因素，並回答課本第 68 頁關於益處與代價的問題。

伊利諾州訴亞倫案

（Illinois v. Allen）

1956 年 8 月 12 日，亞倫走進一家小酒館，拿槍指著酒保，搶走了 200 美元。當天，警察逮捕了亞倫，酒保也指認他是搶犯。

由於亞倫沒錢聘請律師，法院提供公設辯護律師和律師協會辯護委員會的律師讓他選擇。亞倫都拒絕了，他要求為自己辯護。法官對亞倫說：「你可以為自己辯護，但我也會指派一位律師—凱利先生出庭，維護你的權利。」

審判於 1957 年 9 月 9 日開庭。在審查陪審員資格時，亞倫用掉太多時間質詢第一個陪審員。最後法官打斷他，提醒亞倫只能詢問陪審員資格問題。從那時候開始，亞倫便對法官非常不禮貌。

於是在法官要求下，改由凱利先生詢問陪審員的資格。然而，亞倫仍不住口，表示他不要凱利先生擔任他的律師。亞倫對法官說：「午休的時候，你就死定了。」然後，亞倫把律師的檔案資料撕掉，並把其他文件丟到地上。

法官說道：「你再胡鬧，我就請你離開法庭。」但亞倫把這警告當成耳邊風。他對法官說：「你大可用手銬腳鐐把我綁住，用膠帶把我的嘴巴封起來，但這樣根本沒用，因為這審判是無效的。」

法官命令法警把亞倫帶離法庭。陪審團的資格審查就在亞倫不在場的情況下進行。後來，陪審團離席時，法官讓亞倫回到庭上，亞倫說他希望可以在法庭參與審判的全部過程。法官表示，如果亞倫不干擾審判進行的話，他可以允許亞倫留下來。

陪審團就坐後，亞倫站起來說道：「現在開始，我要一直講話講到審判結

● 法官下令將不守規定的被告驅離法庭的後果是什麼？這些後果哪些是益處？哪些是代價？

束，讓審判無法進行。」於是，法官再度要求法警把亞倫帶離法庭。

亞倫這次被帶走後，只有在證人指認時才被帶回法庭。在其中一次出現時，亞倫用粗暴的語言攻擊法官。在檢察官說明案情後，法官再度警告亞倫，除非他不再鬧場，才能回到庭上。亞倫答應了，但因為他之前無禮的表現，在律師為亞倫辯護時，法警把他綁在椅子上，並用膠帶把他的嘴巴封住。

● 法官下令將不守規定的被告綁住，並封住他的嘴巴，此舉的益處與代價是什麼？

陪審團判定亞倫持槍搶劫罪名成立，並被處以 10 年至 30 年的徒刑。

亞倫不服判決，提出上訴，本案最後由美國最高法院審理。亞倫聲稱：原來的法官審判不公，並剝奪依據憲法增修條文第 6 條他所擁有的權利—亦即被告有權在審判中出席，並擔任自己的律師。亞倫並指出，他的案子基本上是不公平的，因為輪到辯護他的案情時，他卻被封住嘴巴、綁在椅子上。

你的看法如何？

1. 在本案中，法官行使權威造成什麼樣的結果？請考慮法官所做的決定：

■ 要求亞倫由律師代為辯護

■ 將亞倫驅離法庭

■ 在辯護亞倫案情時，將他封住嘴巴、綁在椅子上

2. 哪些結果是代價？

3. 哪些結果是益處？

準備進行審訊

　　請思考模擬審訊的主要議題：若考慮權威造成的益處和代價之問題，法官勒令律師代表亞倫出庭、要求亞倫離開法庭、在辯護亞倫案情時把亞倫嘴巴封住並綁在椅子上，法官的這些行為是否公正？

■ 第一組：扮演檢察官
■ 第二組：扮演亞倫的律師
■ 第三組：扮演法官

　　每一組應從被指定的立場討論這些議題，並準備在法官面前提出自己的論點。扮演法官的一組應該了解整個案子，並準備對各方提問的問題。

上訴審訊的程序

1. 準備工作結束後，全班將被分為三人小組。每一個三人小組包括法官、亞倫的律師和檢察官。

2. 法官將依序傳喚各組出席。每一方有 6 分鐘可以說明論點。首先，由亞倫的律師開始。說明論點時，法官可以隨時打斷發言人並提出問題。各方都陳述完畢，並由法官質詢過後，各方可以進行 2 分鐘的答辯。此時，仍是由亞倫的律師開始答辯。最後，法官應該做出判決，並說明判決理由。

3. 全班一起討論本案。首先，由扮演法官的學生對全班報告他們的判決。各小組的法官的結論都一樣嗎？哪一個論點最為有力呢？最後，全班一起討論三人小組的審訊程序，它和上訴法庭中的實際程序很類似。這樣公平嗎？為什麼公平？為什麼不公平？你會建議如何改善？

學以致用

1. 投書到報紙的民意論壇，表達對本案法官的支持或反對立場。利用益處與代價的觀點來闡述你的立場。

2. 訪談一名位處權威職位的人士，像是校長、警察、市政府官員等。請這位人士描述在行使權威時產生的益處與代價。另一方面，訪談一位相對受到權威職位影響的人，像是學生、公民、市民。請其描述權威行使所帶來的益處與代價。比較一下，你所列舉的這兩份益處與代價清單，撰寫一份報告，描述其中的相似與相異之處。

● 總統的權威範圍和限制是什麼（像是美國總統杜魯門）？三軍總司令的權威範圍和限制又是什麼（像是麥克阿瑟將軍）？

單元目標

　　身為公民所面對的一些最重要議題，許多都涉及權威的範圍（程度）和限制（界限）。某一特定的權威職位是否設計得當？該職位是否賦予當權者足夠的權力，而同時對職位有適當的限制，以防止權力濫用？

　　在本單元，你將學到一些評估權威職位的方式。你會判斷某一權威職位的責任、職權、特權和限制是否規劃得當或需要改變。最後，你將運用本課所學習到的方法，設計一個權威職位。

LESSON10

第十課　權威職位設計得當的條件？

本課目標

　　本課將介紹一套評估權威職位和權威機構的「思考工具」。上完本課，你應該可以運用這些「思考工具」來評估權威職位，並提出改進的建議。

關鍵詞彙

範圍 scope
限制 limits
人道的 humane

權威職位設計得當的條件是什麼？

　　現在你應該已經理解，位處權威職位的人對你日常生活的影響有多大。父母、老師和學校行政人員做出決策、採取行動，都會影響你的生活。美國的地方、州、聯邦政府是由許多擔任權威職位的人來運作的，這些職位包括警察、法官、國會議員和總統等。我們人民將許多責任和權力賦予這些人，希望他們能提供人民想要且需要的服務。

　　在公民面對的最重要議題中，有些涉及民主體系中權威職位的問題。

　　權威職位是否設計得當，看法因人而異。某些職位擁有的權威過多或過少，人們也有不同的見解。

　　但可以確定的是，擔任權威職位的人對我們的生活產生很大的影響，所以計畫並評估權威職位的職責、職權、特權和限制，就很重要。如果我們不去考慮權威職位的設計，就會導致國人的基本自由遭受威脅。

■ 能否舉出過去或當代權威職位設計不當的實例？該項權威職位的缺陷是什麼？這些缺陷帶來什麼結果？
■ 為什麼評估權威職位很重要？

評估權威職位的錯誤

　　以下是關於幾個權威職位的描述，每一種職位都包括一些設計上的錯誤。請閱讀並回答「你的看法如何？」的問題。

1. 在康福雋這個州，州長必須制定所有法律、遞送郵件、清掃街道、巡查流浪動物、審判所有刑事案件，以及經營電視台。

● 你認為康福雋這個州的州長，擁有的權威太多還是太少？

2. 在佩倍圖這個州，所有的民意代表都是終身職，不論他們所做所為如何，都不會被撤職。

3. 布托市立高中的校長指派勒羅伊監視學生，校長讓他全權管理所有學生，校長還說勒羅伊可以命令全校學生做任何事。

4. 阿果羅佛畢亞市那位新當選的市長，不允許任何市民對他說話或寫信給他。在市長任內，他一直把自己鎖在辦公室，並把電話線拔掉。

5. 市議會僱用六位交通警察執行「超速法」，取締超速，但卻沒有為警員提供警車、機車或哨子。

6. 宗教大法官（the Grand Inquisitor）的工作跟法官很類似，要判定某人有罪或無罪。他經常要刑求那些被起訴的人，逼他們認罪。無辜的人伏首認罪，只因要逃避刑求的痛苦。

你的看法如何？

1. 上述各種權威職位的描述，有什麼問題？

2. 從你所指出的每項缺點，我們可以知道設計良好的權威職位，應該具備哪些特點？

如何決定權威的範圍和限制？

　　從前面的練習我們可以知道，如果權威職位設計不當會有多糟。我們如何預防這些問題發生呢？以下八個問題，就是用來評估權威範圍與限制的「思考工具」。兩人一組或是分成小組，先檢閱「思考工具」，然後回答「你的看法如何？」的問題，並準備向全班分享你們的答案。

1. 要評估的是什麼職位？
2. 設立這個職位的目標是什麼？
3. 這個職位是為了達成目標所必要的嗎？
4. 這個職位的責任、職權、特權和限制是什麼？
5. 目前設計的職位，它可能產生哪些影響？
6. 這個職位的優點與缺點是什麼？

　　■ 它是否設計得當，可以有效達成目標？
　　■ 它是否擁有恰如其分的權力？

■是否能讓當權者對他們的所作所為負責？

■該職位的責任是否過重？

■該職位是否擁有充分的資源，以達成任務？

■該職位是否在合理範圍內，開放給民眾參與？

■在行使權力時，該職位是否採用公平而人道的程序？

■該職位是否可以保障自由和隱私等權利？

■該職位是否讓民眾願意配合，幫助權威行使權力？

7. 你所發現的職位缺點，應該如何改進？

8. 該職位應該維持原狀，還是進行修正或是撤除？請就該職位的優點和缺點，說明你的立場和決定。

你的看法如何？

1. 運用「思考工具」來評估權威職位，會有什麼幫助？

2. 為什麼評估權威職位很重要？

學以致用

1. 從電視或報紙上的報導中，挑選一個權威職位，運用本課學到的「思考工具」來評估它。

2. 撰寫一篇短文，描述一個國家的總統職位如果設計不當的話，可能會發生什麼事？

LESSON11

第十一課　如何評估權威職位？

本課目標

　　本課讓同學們模擬海軍評鑑委員會的聽證會，目的在檢視船長的權威。我們可以運用前一課學到的「思考工具」來檢視權威職位。

　　讀完本課，你應該可以對於船長的權威，採取立場，並加以辯護。

關鍵詞彙

鞭刑 flogging

評估權威職位

　　本課的選文摘錄自理查・亨利・達納（Richard Henry Dana）的《兩年船桅生活》（Two Years Before the Mast，1840）一書，描述一名年輕水手的海上冒險故事。在書中〈海上鞭刑〉一文裡，所描寫的水手受虐經歷，可能不是唯一的個案。因此，海軍評鑑委員會希望評估船長的權威。

　　全班分為五組，分別扮演以下的角色：

■ 說故事者
■ 船長
■ 山姆（水手）
■ 約翰（水手）
■ 海軍評鑑委員會

首先，每一組閱讀「背景」、「工作內容簡介」、「海上鞭刑」和「附錄」，然後再完成課本第 82 頁的「思考工具」表。接著，各組要準備所扮演的角色，以及向委員會提出的說明內容，並選出一位發言人代表團體發表說明。各組的每位成員都應該準備回應委員會提問的答案；同時，扮演委員會的小組應設計詢問其他各組的問題，並將選出一位主席主持聽證。

● 船長應該被賦予多少權威？

在各組陳述說明後，委員會將討論船長權威的範圍與限制，並決定對於該職位應該做些變動或維持原樣，還是撤除該職？委員會應該對全班說明最後決定的原因。

背景

故事發生在 1840 年，委員會決定檢視高桅帆船隊伍發生的問題，並思考如何處理。而當時有一篇水手寫的文章，讓委員會又注意到一項新的問題，那就是關於船長權威的限制。

委員會將主持一項聽證會，檢視船長的職位，並廣納各方建議來改善這個職位。參考以下各點，將有助於模擬聽證會的進行：

■ 船長的職務內容簡介

■ 水手的文章〈海上鞭刑〉
■ 幫助我們評估職位，以及提出改進建議的「思考工具」表

● 如果你是海軍評鑑委員會成員，在決定船長權威是否必須改變之前，需要先參考哪些資訊？

船長職務內容簡介

職責（Duties）與職權（Powers）。船長具有下列的責任和權力：

■ 監督船隻航行時的運作
■ 決定船隻的航程
■ 指派船員的工作
■ 調解船員的糾紛
■ 懲罰違規的船員
■ 決定誰得到特權（例如：船員上岸休假）
■ 寫報告給船東
■ 每天記錄航海日誌
■ 抵達外國港口時，船長即可代表船東

特權（Privileges）。船長被給予以下權利：

■ 可領取船東支付的薪水，以及航行獲利的紅利
■ 擁有特別的制服

■ 擁有個人的船艙
■ 可享用特製的食物

　　限制（Limitations）。船長不能做以下事情：

■ 不得罔顧航行任務
■ 不得違反外國港口的法律
■ 不得將違規的水手處死

海上鞭刑

　　我們的船長經常為一些小事大動肝火。廚師把木頭丟到甲板上，船長就揚言要對他施以鞭刑。當大副吹噓自己的繩結打得比船長好，船長就會非常生氣。不過船長最大的出氣筒，非山姆莫屬。山姆不太會說話，動作又有點遲鈍；不過他是個好水手，而且工作很認真。但船長就是看他不順眼。

　　某個星期六早上我聽到船長對某人大吼，然後我聽到像吵架的聲音。

　　「你還敢再頂嘴嗎？」船長說。

　　「我從沒對你頂過嘴，長官。」山姆說。

　　「你沒有回答我的問題。你還敢再頂嘴嗎？」

　　「我從沒對你頂過嘴，長官。」山姆再說一次。

　　「回答我的問題，不然就把你五花大綁，讓你嚐嚐鞭子的滋味！」船長氣炸了。

　　「我並不是奴隸。」山姆說。

　　「那麼我就讓你變成奴隸。」船長說著便跳到甲板上，命令大副：「把他綁起來！讓你們看看誰是這艘船的主人！」於是大副把山姆帶到甲板上，山姆並沒有反抗。

　　「你打算怎麼鞭打他，長官？」水手約翰問道。他是船長的手下。船長轉過身，命令其他水手把山姆銬上鐐銬。

　　這時候，大副已經把山姆綁了起來，並把他的衣服脫掉，讓他裸露上身。船長站在幾呎之外，好揮動他手上那條又粗又壯的繩索。

　　看到這裡，我覺得非常難過。我想要阻止船長，但只有少數水手站在我這邊。船長和他手下的人數遠多過我們，如果我們反抗，我們是輸定了。而且船長他們會指責我們是叛徒。就算我們贏了，他們也會污衊我們是海盜。如果我們被抓到，他們會嚴重的處罰我們。水手沒有權利可言，水手必須對船長唯命是從，否則就會變成叛徒或海盜。

　　船長使出全身力氣，揮舞手上的鞭子，打在可憐的山姆的背上。船長一共鞭打了六次。

　　「你還敢對我頂嘴嗎？」船長吼道。

　　山姆沒有回話。於是船長再繼續鞭打三次。最後，船長解開鬆綁山姆，把他帶到船頭。

　　「接下來輪到你了。」船長走向約翰，將他銬上鐐銬，大副把他綁了起來，船長準備鞭打他。

　　「為什麼要鞭打我，長官？」約翰問道：「我不服從你的命令嗎？我曾經偷懶、頂嘴嗎？」

　　「沒有。」船長答道：「我鞭打你，是因為你問了問題。」

　　「我不能問問題嗎？」約翰說。

　　「不能！」船長大吼：「沒有我的命令，任何人都不可以擅自做主。」船長開始鞭打約翰，愈打愈帶勁。鞭子揮得愈兇，船長就變得更加殘暴。我被嚇壞了，實在看不下去了。後來船長終於住手，轉身對其他水手說：「現在你們應該明白我是什麼人了！你們都是我的奴隸！我叫你們做什麼，你們就要做什麼。不然就讓鞭子伺候你們！」

附錄

　　聽完我的故事，應該還記得我曾目睹了船上夥伴遭受的酷刑。現在就算只是提到鞭刑這個詞，都會讓我激動難平。然而，若有人提議立刻且全部廢除鞭刑，並禁止船長在任何情況下不得進行任何體罰，我不得不停止這項提議。

　　我不應該希望明天能拿到船的指揮權，以及不應該讓我的團隊知道，在任何情況下，即使是溫和的處罰我都不能做。我相信我永遠不會用到它。當然，我根本不會知道，不用處罰的話，我會有什麼危機以及不便。目前我還沒有能力去移除那個危機，以及還沒有能力確切保護自己。萬一真的有極端事件發生，我自己都不會希望沒有任何處罰的權力。

學以致用

1. 你可以舉出需要絕對權威（absolute authority）的狀況嗎？為什麼在此狀況下，需要當權者專斷獨行？

2. 邀請一位權威職位者來班上，像是警官、法官、地方檢察官、公設辯護人或市長等，請這位權威職位人士描述和評估其職責、職權、特權和限制。

評估權威職位的思考工具	
問題	**答案**
1. 要評估的是什麼職位？	
2. 這個職位的目的是什麼？	
3. 這個職位是否有存在必要？試說明原因。	
4. 這個職位有哪些職責、職權、特權和限制？	
5. 如此設計這個職位，可能產生什麼結果？	
6. 這個職位的設計，是否有何缺點？請考量： ■ 職責的輕重 ■ 所得到的資源 ■ 被賦予和被限縮的權力 ■ 容易評估與否 ■ 是否有方法可預防權威遭到濫用 ■ 是否注重公平的程序及重要價值	
7. 你會提出什麼建議來改良這個職位？這些改變會帶來哪些益處與代價？	
8. 你認為這個職位應該被撤除、維持原狀或予以修正？試說明理由。	

MEMO

LESSON12

第十二課　戰爭期間權威的範圍與限制？

本課你將讀到兩則在戰爭期間權威行使的例子。首先，會關注林肯總統在南北戰爭爆發之初如何行使權威。其次，關注第二次世界大戰期間美國政府對待日裔美國人的實例。然後，全班一起討論戰時權威限制為何的議題。

上完本課，你應能針對戰時權威的行使，說明你所採取的立場，並為其辯護。

關鍵詞彙

兩難困境 dilemma
脫離聯邦 secede
聲明書 proclamation
封鎖 blockade
間諜活動 espionage
破壞 sabotage
拘留營 internment camp
人身保護令 writ of habeas corpus

檢視戰時權威的範圍與限制

在閱讀下列文章時，請思考以下問題：在什麼情況下，當權者可以行使超乎平時權限的權威？分組回答「你的看法如何？」的問題。

林肯的兩難困境

1861 年 4 月的某天晚上，林肯總統在白宮獨自沉思，他正面臨一個棘手的兩難處境。美國南、北方各州的對立日益嚴重，尤其針對奴隸的問題更是各持己見。南方有七個州正式退出聯邦，南部聯軍也占領了聯邦的堡壘和海軍船隻，戰爭似乎不可避免。

● 戰爭期間總統權威的適當限制是什麼？

　　戰爭果然發生了。1861 年 4 月 12 日，南部聯軍對南卡羅萊納州的桑特堡（Fort Sumter）開砲，終於引發內戰。林肯總統希望能在短時間內終止內戰，解救美國。他知道，若要快速結束內戰，只能採取憲法權限以外的行動。

　　這就是林肯總統的兩難處境：他曾宣誓要支持和維護憲法，他也向人民保證要解救美國。但他相信，如果美國不再存在，憲法不過是一張廢紙。他認為，這起內戰威脅到美國的存亡，因此聯邦政府必須行使權力以求自保。

　　1861 年 4 月 15 日，林肯總統發布一份聲明書，徵召 75,000 名民兵入伍，對抗南部的叛亂。在這份聲明書中，林肯下令國會於 7 月 4 日再進行集會，也就是三個月以後。他決定終止內戰，而不願意受到國會或任何人的干預。

　　4 月 19 日，林肯下令封鎖所有脫離聯邦政府各州的海港。4 月 20 日，他下令增加 19 艘軍艦加入海軍艦隊。後來，更進一步下令封鎖北卡羅萊納州和維吉尼亞州各港口。

　　5 月 3 日，林肯下令徵召 42,000 名義勇兵，其中 24,000 名支援陸軍，18,000 名支援海軍。林肯的這項聲明和憲法第 1 條相牴觸。憲法第 1 條賦予國會「徵召並供應陸軍」及「設立並供應海軍」的權力。

　　5 月 20 日，林肯下令財政部長支付 200 萬美元給三位紐約人士，請他們提供軍備，儘管憲法明訂「除依法律規定之撥款外，不得自國庫中提取款項」。林肯解釋，不得不這麼做。因為，政府裡有太多不可靠的人。

　　林肯也盡力維持北部的公共秩序，以免內戰節外生枝。他下令暫停某些地區的人身保護令，亦即被逮捕拘留者失去向法官申辯的機會。林肯還禁止郵局傳送「叛國的信件」。

　　當國會於 7 月 4 日集會時，林肯要求國會議員批准他的行動。林肯在聲明書中寫道，所有憲政體制的政府，應該擁有自保的權力，而在美國，行使這項權力的人就是總統。林肯並提及關於 4 月 12 日以來，他採取的行動：

　　「這些行動無論是否完全合法，都是基於民意及公共需要而大膽為之⋯⋯」

你的看法如何？

1. 林肯在內戰期間行使的權威，超出了哪些憲法賦予總統的權威範圍和限制？

2. 你根據哪些論點，支持林肯總統的行動？構成這些論點的基礎是什麼價值觀與利益？

3. 你根據哪些論點，反對林肯總統的行動？構成這些論點的基礎是什麼價值觀與利益？

4. 為什麼限制政府官員的權威是很重要的事？如果我們允許某些特例，不在此限之內，那麼，為什麼界定何種情形下可以容許特例，是很重要的事？

日裔美國人的拘留

　　1941 年 12 月，珍珠港事件發生後，美國為了對抗日本、德國與義大利，宣布加入第二次世界大戰。這是有史以來，美國遭遇最困難的軍事挑戰。美國必須出兵到兩個遙遠的主要戰區—歐洲和遠東，要同時在兩個戰場作戰是極為困難的事。大多數的美國人相信，他們是為了捍衛美國的自由與安全而戰；他們相信，美國的前途就掌握在他們的手裡。

● 第二次世界大戰期間，美國政府使用權威使日裔民眾遷入拘留營，造成哪些結果？

在珍珠港事件爆發時，美國大約有 125,000 名日本人，他們大多居住在西岸，而其中三分之二已入籍為美國公民。儘管過去從沒有發生過日裔美國人從事間諜或破壞事件的案例，但許多美國人害怕它們終究會發生。長久以來，日裔美國人遭受到種族歧視，而珍珠港事件後情況更為惡化。由於日本軍隊之前在南太平洋無往不利，許多美國人擔心日本人也將侵略美國西岸。

為了安撫美國人民對於日軍的恐懼，1942 年 2 月 19 日，羅斯福總統發布一項總統行政命令，允許美軍司令將西岸的日本人強迫安置到內陸的拘留營。這項強迫安置計畫的對象，包括具有美國公民身分的日裔美國人，以及非美國公民的日本人。

這項總統行政命令，也賦予軍事司令可以自行宣稱某些地區為「軍事區」的權威。軍事司令可以根據自己的判斷，將可能從事間諜或破壞活動的人逐出軍事區。1942 年 3 月 2 日，國會通過立法，規定在軍事區內反抗司令命令的人，將被遣送入獄或科或併科罰金。

5 月 3 日，加州聖利安卓軍事區的德威特將軍發布第三十四號驅逐令，自 5 月 9 日起，該軍事區內的日本人都將被逐出聖利安卓軍事區。根據這項命令，執行這一驅逐行動的理由，是基於防止「美國叛徒出現的可能性」。1942 年年底，整個美國西岸被整合為一個「軍事區」，因此所有日本人都因為類似的驅逐令而被關到拘留營裡。

在戰時，軍隊強制將大約 12 萬名日本人遷移到內陸的拘留營。被拘留的日裔人士，沒有任何人是因為實際從事間諜或破壞活動而被逮捕的。大多數日本人都被迫於戰爭期間扣押在拘留營中，實際上等於是入獄三年。他們被迫放棄自己的事業，也失去了原有的家園與資產。

你的看法如何？

1. 下列三種權威的執行，造成什麼結果？哪些是益處？哪些是代價？
■ 1942 年 2 月 19 日，羅斯福總統發布的總統行政命令
■ 1942 年 3 月 2 日，國會通過的法案

■ 1942 年 5 月 9 日，德威特將軍發布的第三十四號驅逐令

2. 如果 1942 年 2 月 19 日，羅斯福總統不具有發布總統行政命令的權威，會造成什麼結果？ 1942 年 3 月 2 日，如果國會不具有通過法案的權威呢？如果 1942 年 5 月 9 日，德威特將軍不具有發布第三十四號驅逐令的權威呢？

3. 你認為第二次世界大戰期間，將日裔美國人安置於拘留營的做法，是表示戰爭期間需要放寬憲法對政府的限制，還是表示即使在戰時仍須維持憲法對政府的限制？請說明你的見解。

準備進行全班辯論

　　閱讀過本課第 85-88 頁的兩篇文章，你應該已思考了其中的爭議點。現在，全班將針對以下議題進行辯論：

在戰爭期間，是否可以容許總統行使踰越憲法權限的權威？

　　全班將分為四組：正、反方各有兩組。由正、反方的其中一組發表支持或反對的論點，另一組將針對對方的論點提出反駁。每一組的發表時間為 5 分鐘，並應選出 2-3 位發言人陳述該組的論點，各組其餘的成員，在參與小組的準備工作後，將在辯論進行時擔任觀眾。

進行辯論

　　從扮演觀眾的學生中，選出一名辯論主席及一名計時人員。主席應宣布並簡介辯論主題。首先，由正方的第一組發表論點，然後由反方第一組發表論點。接下來進行反駁時，對調正、反方的發言次序。辯論結束時，觀眾可以針對辯論主題進行投票。全班一起討論，這場辯論是否影響了自己原有的觀點？哪些論點具有說服力？哪些沒有說服力？為什麼？

LESSON12

● 學以致用

1. 有關第二次世界大戰期間日裔美國人被迫集體遷至拘留營的議題，可以參考美國最高法院的檔案紀錄，Hirabayashiv. United States, 320 U.S 81（1943）、Korematsu v. United States, 323 U.S. 214（1944），以及 Ex parte Endo, 323 U.S.283（1944）。整理這些內容，並報告你的心得。在報告中，請說明你對最高法院審理相關案例的看法。

2. 在緊急狀況時，放寬當權者原有的權限，會造成哪些不良後果？第二次世界大戰發生之前，德國憲法中即包含了「緊急」條款（第二十五、四十八條），有利於希特勒鞏固並擴大獨裁權力。請蒐集資料，研究這些緊急條款的授權內容是什麼？是否有預防這些緊急條款濫用的條款及限制？並請分析為什麼這些保護條款和限制沒有發揮效力。

3. 請與同學們扮演電視台記者，採訪曾被迫遷移到拘留營的日裔美國公民。在準備這項訪問時，應該另外進行拘留營的相關研究。老師將會推薦參考書籍。

MEMO

第十三課　如何設計權威職位？

本課目標

在本課中，你將運用前幾課學到的判斷權威範圍與限制的知識與技巧。讀完本課，你應該可以設計權威職位的職責、職權、特權和限制。

關鍵詞彙　虛擬的 hypothetical

批判思考 練習

設計權威職位

我們將討論發生在一個虛擬校園—塔夫高中的一個問題。閱讀以下的文章，並以 3-5 名學生為單位，將全班分為幾個小組。每一組分別扮演學生會裡負責創設塔夫高中的新權威職位的各個委員會。每一組的成員都必須閱讀「委員會指導守則」，並回答問題。在每組發表完畢後，全班應該一起討論解決塔夫高中問題的最佳方案。

塔夫高中的問題

塔夫高中的學生會已經成立多年。每學期，學生選出學生會長，以及每年級的學生會代表。學生會有權制定某些校規，並可籌劃體育、舞會等特殊活動。大多數學生、老師和學校行政人員都認為學生會的運作及表現相當不錯。

　　然而過去兩年來，學校發生了一些問題。許多學生觸犯校規，打架的次數也增加了，校園中瀰漫著緊張的氣氛，不再像以前那樣詳和平靜。校長也曾指控學生打破置物櫃竊取財物。校園中甚至謠傳某些學生持有槍械，學生用的洗手間變成了危險的場所。

● 如何設計一個權威職位，來解決學校暴力和違反校規的問題？

　　許多年來，被控違反校規的學生都交由老師和學校行政人員負責處置，校規賦予他們這項責任（responsibility）。然而與日俱增的鬥毆和違反校規事件，讓老師深感頭痛。許多老師認為，他們花在管教學生的時間比教育學生的時間還要多。他們覺得這對有心向學的學生來說，並不公平。

此外，老師們管教學生的方式常引起學生反彈。他們認為，有些老師並沒有給那些被指控違反校規的學生進行申訴的機會。大多數學生覺得老師太忙了，而沒時間去傾聽發生衝突的各方說法。

● 處理校園暴力和違反校規問題的權威職位，其範圍和限制是什麼？

許多學生認為，這種情況必須改善。在某次學生會會議上，他們討論如何為疑似違反校規的學生提供申訴管道。學生會成員、幾位老師和學校行政人員都參與了這次會議。許久後，校長威利斯說道：「我們現在明白了我們所面臨的問題，我希望由學生會提出解決方案。如果你們的建議合情合理的話，我會採納它們。但要提醒各位，根據州法，我必須維持學校的秩序。因此，不管你們的決定為何，都必須以遵守法律為前提。」

大家都認為校長的提議很公正。在行政人員和老師們離開後，有位學生代表提議，學校應該需要一個職務專責管理這個問題。其他學生也贊成這項提議，於是學生代表們便分別組成幾個委員會，共同負責設計塔夫中學的新職務。

委員會指導事項

　　每一組應該扮演學生會裡的一個委員會，負責設計塔夫高中的新職務。選出一位主席和一位記錄來主持、記錄會議。利用第 96 頁的「思考工具」表，它將有助於專責職位的設計。閱讀、討論並仔細回答表中的問題。

　　完成了「思考工具」表後，準備一份關於塔夫高中新職位的簡介。由委員會的主席代為發表最後的提案。發表內容包括：

■ 權威職位所欲達成的目標報告
■ 職位內容的描述，包括職責、職權、特權和限制
■ 設立新職位可能造成的結果（代價和益處）

　　全班一起討論每一個提案的職位的優、缺點，並一起為塔夫高中設計出新的職位。

學以致用

1. 你是否同意最後決定的塔夫高中新職位呢？投書給塔夫高中的校刊編輯，表達支持或反對這個新職位的意見。

2. 思考你居住的社區或城市的一些問題，是否設立一個新職位會有助於解決問題。運用本單元所學有關專責職位的設計方法，來協助解決這個（些）問題。

設計權威職位的思考工具	
問題	答案
1. 你嘗試解決的問題是什麼？	
2. 設立一個權威職位有助於解決問題嗎？或有其他更好的方法可以達到同樣目的？說明你們的看法。	
3. 你們這組建議設立什麼樣的權威職位？ ■一個或多個職位 ■職位是由個人或委員會負責 ■經由選舉產生或指派 　請說明你們所依據的理由。	
4. 這個權威職位應該具有哪些職責、職權、特權和限制？應考慮： ■責任的輕重 ■所得到資源 ■被賦予和被限縮的權力 ■容易評估與否 ■是否有方法預防權威遭到濫用 ■是否注重公平程序及重要價值	
5. 設置這個權威職位可能會帶來什麼結果？在設計職位時，請考量職位可能產生哪些益處與代價。	

MEMO

LESSON14

第十四課　挑戰權威有何限制？

本課目標

在權威的最後一課，我們一起來評估挑戰權威的限制。本課內容是一件公民不服從（civil disobedience）的案例，改編自古希臘劇作家索福克勒斯（Sophocles）的悲劇作品《安蒂格妮》（Antigone）。全班一起討論，民眾因不願違背良心而刻意違反法律是否恰當。

讀完本課，你應該可以評估挑戰權威的限制何在，並產生自己的見解，為立場辯護。

關鍵詞彙

公民不服從（公民抗命）civil disobedience
更高的法律 higher law

●哪些抗議形式可以被接受？哪些不行？

美國歷史中的公民不服從事件

在第五單元中，我們已學到如何判斷權威職位的範圍與限制。我們已經討論過，權威職位如果設計不妥當，或者有人藉職位之便而誤用或濫用權威的話，可能會造成什麼結果。美國憲法制定者非常了解權限的重要性。這就是為什麼，他們在憲法中制定了權力分立與制衡的系統。他們設計了「權利法案」，進一步保護個人自由，以對抗濫用權威的可能性。

政府的憲政系統的運作，是以服從多數為基礎，但它同時也保護個人與少數民眾的權利。它容許不贊同政府決定的人反抗政府的決定，並去改變它們。以下是人們表達意見的幾種方式：

■ 投票
■ 投書給媒體或公職官員
■ 連署請願書
■ 參加抗議團體或政治組織
■ 遊行示威
■ 參與杯葛行動

如果這些抗議活動還是不夠，結果會怎麼樣？如果你認為，支持某一法律有違你的道德或宗教原則，而你利用合法途徑去改變法律卻失敗了，那該怎麼辦？你還有哪些選擇？人民挑戰權威，其極限是什麼？

這些都是難以回答的問題。幾個世紀以來，哲學家和學者們都在尋找答案。從歷史來看，許多人選擇拒絕遵守他們認為不公平或不符合道德的法律，而他們也願意承受他們抗議行動的結果，不論結果多麼嚴重。有些人選擇以暴動或是革命的方式，有些人則傾向以較少暴力的形式抗議。公民不服從是一種非暴力的形式，它是一種反對政府法律或是政策，以帶來改變的行動。

公民不服從（民眾刻意違法）時，必須具有承受後果的準備。談到公民不服從，它不僅是違反法律的問題而已，而是故意反抗不公平的法律或政策。這種抗議有許多種形式，例如：

■ 不付稅
■ 燒毀兵單
■ 幫助潛逃的奴隸
■ 用鐵鍊把自己綁在核能發電廠中

　　在美國，公民不服從的案例屢見不鮮，而某些例子更為憲法帶來重大的改變。例如：廢奴主義者拒絕接受支持奴役的法律，寧願反抗他們認為不道德的法律，結果被捕入獄。他們寧願服從宗教或道德原則的「更高法律」，而非政府的權威。

　　婦女投票權、民權以及反戰運動的領導人也選擇刻意違抗法律，亦承受被捕入獄的結果，而不願去支持他們認為錯誤的法律。馬丁路德金恩牧師深受印度聖雄甘地的啟發，在他的〈伯明罕獄中書信〉中寫道：「我認為個人基於良心，譴責法律

● 1940 年代，什麼原因讓甘地（Mohandas Gandhi）寧可選擇用公民不服從的方式去挑戰印度政府的權威？

不公，而刻意違法，且接受違法的懲罰而入獄，以喚起共同體的其他成員對於這項不公正法律的良知，事實上，這是表達對該項法律最高敬意的方式。」

　　公民不服從是在無計可施時的極端選擇。在什麼時間點，公民不服從會是一個適當的選擇？在本課中，你將思考挑戰權威時有哪些限制。你或許從來沒有參與公民不服從的行動，但你可能會有面臨法律與道德與宗教信仰衝突的時候。以下的活動，將幫助你去思考在類似的情境中，應該考慮的某些問題，它將教導你處理這種棘手問題的一些方法。

對安蒂格妮的公民不服從，採取立場

閱讀以下的故事，然後依照指示進行全班辯論。以下的故事由西元前 442 年索福克勒斯（Sophocles）創作的希臘悲劇《安蒂格妮》（Antigone）改編而來，內容在描寫一位年輕女性安蒂格妮刻意反抗有違她良心的法律，而引發悲慘的後果。

安蒂格妮的悲劇

安蒂格妮大約 18 歲時，她的叔父克里昂成為底比斯（Thebes，古希臘都市）的統治者。安蒂格妮和克里昂都是擁有強烈自我主張的人，他們都堅持自己的想法才是正確的。因為他們互不相讓，結果為自己及底比斯帶來極大的悲劇。

什麼時候反抗政治權威，才算正確？安蒂格妮以自己的信念來回答這個問題，並因此犧牲了生命。克里昂和她的意見相左，卻也因此失去了他所愛的一切。

克里昂的命令

在克里昂成為底比斯王之前，他的哥哥伊底帕斯統治這塊土地。伊底帕斯有兩個女兒—安蒂格妮和伊絲敏，以及兩個兒子艾特俄克勒斯和波利尼克斯。伊底帕斯因為發現自己弒父所強娶的妻子竟是自己的生母，於是刺瞎雙眼，遠走他鄉。底比斯於是變成沒有統治者的狀態，後來底比斯的民眾選舉艾特俄克勒斯為王。

波利尼克斯則認為，他既然身為哥哥，就有權利稱王。結果兄弟鬩牆，最後艾特俄克勒斯把波利尼克斯放逐，而波利尼克斯誓言將進行報復。波利尼克斯雖然離開底比斯，但組成大軍準備爭奪王位。

後來，波利尼克斯率領軍隊回到底比斯，在底比斯市發動猛烈攻擊。這是

一場為期很久而且痛苦的闖牆之戰。在內戰期間，造成許多底比斯民眾家破人亡。最後，艾特俄克勒斯和波利尼克斯進行決鬥，結果兩人皆命喪戰場。

底比斯的民眾再度失去了統治者，於是他們選出克里昂為王。克里昂對民眾發表演說，提醒民眾如果權威被漠視會造成什麼後果。克里昂表示，為了他們的家園著想，底比斯民眾必須從這次慘痛經驗中學到教訓。例如：他下令為艾特俄克勒斯舉行英雄式的葬禮，而攻擊底比斯的波利尼克斯則任其曝屍戰場。克里昂規定，任何人都不可以為波利尼克斯立碑紀念，也不能追悼他。違反這項命令或埋葬波利尼克斯的人，都將被判死刑。

對於克里昂的命令，底比斯的民眾展開了辯論。有些人認為，埋葬死者是親屬背負的神聖責任。因為根據他們的信仰，死者沒有安葬的話，就註定永遠成為孤魂野鬼。其他人則認為，克里昂的命令合情合理，因為過去底比斯飽受叛亂者和違法者的破壞。波利尼克斯的下場，是對那些不尊重國家權威之人的警告。

更高的法律

波利尼克斯的姊妹安蒂格妮誠心相信，眾神法律的重要性遠高過於國家的法律。她打算遵從眾神之法，將波利尼克斯安葬，她嘗試說服伊絲敏跟她合作。

「妳的意思是說，儘管違反法律，我們還是要埋葬波利尼克斯？」伊絲敏問道。

「就算妳不打算這麼做，我也會幫妳盡這份心意。我絕不會對自己的兄弟不仁不義。」安蒂格妮說。

「妳這麼做，不是明顯違反我們的國王克里昂制定的法律嗎？」

「他沒有權利不讓我遵守神聖的習俗。」安蒂格妮堅定地說。

「如果我們依照妳的意思公然去反抗這項禁令，我們將會孤軍奮戰，最後還會被處死。既然我們是被迫遵守法律，我們可以請求神的原諒。」伊絲敏說道。

「妳可以選擇遵守克里昂的法律，而且我也不會再要求妳和我合作。但我會獨力安葬波利尼克斯。如果我因此被殺，我也無怨無悔。我的『罪』並非罪惡，因為比起人類制定的法律，我更信仰眾神制定的法律。如果妳不和我合作，妳就因不尊重眾神法律而有罪。」安蒂格妮說道。

「我並不是不尊重眾神之法，」伊絲敏答道：「我只是無力違抗國家的律法。」

「那麼，我將孤軍奮戰，向我所愛的哥哥波利尼克斯致意。」安蒂格妮說。

懲罰

於是安蒂格妮便獨力將波利尼克斯的遺體安葬。

另一方面，克里昂在兩位侍衛陪伴下走進花園，對於他才做出的決策，顯得相當憂心。

「效忠國家才是最高美德。把親人、朋友看得比國家重的人是不對的。他們忘了，是國家這艘大船帶領我們安然渡過人生最險惡的航程；唯有國家繁榮，我們才能結交真正的朋友、享受舒適的生活。而像我姪子波利尼克斯那樣更糟，他以自己的國土為敵，並發動戰爭。我們決不能嘉獎他。」

「這就是我的規定。這就是為什麼我讓為國捐軀的戰士舉行哀榮的葬禮，而禁止波利尼克斯下葬，就是因為他發動戰爭與自己的國家作對。他對自己的兄弟劍拔弩張，奴役其他民眾，因此他的屍體不該被碰觸、不該被哀悼、不能下葬，以烙下恥辱和不名譽的標誌。只有藉由這些規定，底比斯才能安全、繁榮，才能避免內戰帶來毀滅的結果。」

不久後，一名侍衛衝進花園，對克里昂報告波利尼克斯被埋葬的消息。克里昂氣急敗壞，下令立刻抓拿嫌犯。侍衛答說安蒂格妮已被逮捕。

「我逮到這名婦女在埋葬波利尼克斯的屍體。」

克里昂轉身面向安蒂格妮，問她是否否認埋葬波利尼克斯。安蒂格妮並沒

有否認。

克里昂對安蒂格妮說：「告訴我，妳是不是不知道妳的行為是違法的？如果妳知道這項法律的存在，妳為什麼不遵守它？妳是我姪女，而且就要和我兒子西蒙成婚了，妳為什麼這麼做？」

安蒂格妮答道：「我很清楚這項禁令，它已是眾所周知了。至於我為什麼這麼做，因為它並非眾神之王宙斯發布的命令。你的法律不是永恆的正義，而且我不認為你總能強迫我去遵守你的法律。不成文的永恆正義是更高的法律，我服從眾神的規定而不服從你的法律。」

安蒂格妮繼續說道：「你制定的法律只是一時的，但天神的法律是永久的，適用於永恆的時空。永恆之法命令我將我的兄弟安葬，我雖然將因此而死，但人最後終歸一死。我並不在乎被你處死，而如果我任由兄弟曝屍戰場，我才無法安心。因此我並不後悔這麼做。」

「妳的兄弟攻打自己的國家！攻打自己國家的叛徒沒有榮耀可言！國家需要人民極度的忠誠。反觀妳的另一位兄弟為國捐軀，妳要如何解釋？」

「無論如何，我的所做所為，是服從眾神的要求。」安蒂格妮說：「為了讓死者入土為安，我遵從了更高的法律，而非國家的法律。其實，底比斯人都贊同我的做法，他們只是怒不敢言。」

「眾神不會接受這叛國者的忠誠！」克里昂說道。

「你無法代替眾神發言。誰又能說他們不同意我的看法？」安蒂格妮回答。

「在這飽受烽火摧殘的國家，重建秩序與和平是我的責任，」克里昂接著說：「底比斯仍然處於險境，全國子民因為分別支持妳的兩位兄弟而四分五裂。叛亂的波利克尼斯必須做為叛國者的懲戒。」

「妳因為埋葬叛國的兄弟，而斷送了幸福的未來。安蒂格妮，由於違反這項維護底比斯安全與福祉的法律，我不得不將妳處死。」

「安蒂格妮，我認為一具沒有埋葬的屍體，是重建底比斯和平與秩序的合理代價，但妳卻拒絕服從這項規定，我實在沒有選擇的餘地。侍衛，帶走這個女人，把她關起來，不能讓她在處死之前脫逃！」

西蒙的上訴

安蒂格妮的未婚夫西蒙得知此事後，便向他的父王求情，但克里昂不為所動。

「底比斯全體人民中，我只發現安蒂格妮違反我的法律。」克里昂對西蒙說：「如果我不處死她，等於是對其他子民不義。底比斯人民會認為我軟弱無能，而這將危及國家及公共秩序。我不能有雙重標準，法律之前，親人和人民都一視同仁。」

「吾兒，這個國家要生存下去，不論權威是大是小，都必須確實要求人民遵守。違法是萬惡之首，它會摧毀國家，它讓家園淪為廢墟。」

聽了克里昂這一番話，西蒙回道：「父王，請聽我一言。我並非認為您的

做法不正確，但是我們其他人的想法也都有可取之處。我好比是您的耳目，可以把人民所不敢言之意見，當面向您秉報。父王，人民對您的判決頗有意見，我聽見他們在黑暗中竊竊私語，我聽到他們為安蒂格妮悲歎。他們認為她應受表揚，而非處罰。」

「真正的智者，應該能屈能伸，應該知道何時堅持己見。父王，您不見在強風中，唯有彎曲的樹木保全了枝葉，而挺直的樹幹卻被連根拔起？饒了安蒂格妮吧，如果您殺了她，人民將會反抗您。」

「你希望我褒揚無法無天的人？」克里昂問道：「我應該尊敬叛國者？」

西蒙回答道：「底比斯人都不認為安蒂格斯是壞人。父王，您沒有權威去反抗眾神的旨意。眾神擁有他們的法律，並在您的法律之上。」

「別和我談法律。這個世界的法律讓我們的國家、人民不至於分崩離析。內戰已耗損了我們的國力，我們的傷痕仍未治癒。如果安蒂格妮能為所欲為，這表示任何人都可以違反所有他們認為錯誤的法律。假如縱容違法者，我們岌岌可危的社會秩序將陷入一片混亂，那麼又將殃及無辜！如此一來，我國又將變成沒有法治的地方，無異於野蠻國度。」

悲劇的結局

克里昂下令把安蒂格妮拋棄在洞穴裡，準備讓她自生自滅。前往洞穴途中，安蒂格妮對前來探望她的民眾說道：

「底比斯的人民，我祖國的子民。」她喊叫著：「我現在正展開最後一段旅程，最後一次沐浴在陽光下。我即將死亡，未婚、沒有人為我哀悼、孤伶伶地死去。當黑夜過去，白日降臨，我無法逃避的命運就將把我征服。我為何而死？」

克里昂走出宮殿，說道：「底比斯的子民，請聽我說。我確實下達了一個令人不忍的命令，但我非如此不可。安蒂格妮明知故犯，埋葬了波利尼克斯。」

●如果允許安蒂格妮無罪獲釋的話，將造成什麼後果？

「如果我縱容人民違反法律，我國又將陷入混亂。保護國家是我的責任，我身為統治者的唯一義務，就是不容許我國遭受叛亂行動的威脅。因此，安蒂格妮將被關在深山的洞穴中，我們會送食物給她，但份量將不會太多。」

他轉身面向安蒂格妮，說道：「安蒂格妮，妳有何遺言？」

「這就是我的遺言：我被處死，是因為我選擇遵守眾神旨意，而非凡人的法律。我知道我崇敬眾神，你視我有罪，但我並不認為我犯了罪。我只是盡我的義務。我相信我信仰的眾神，我知道我沒有違背祂們的法律。」

侍衛帶走安蒂格妮後，一位盲人警告克里昂不要將安蒂格她處死。他說：「將安蒂格妮處死的代價，就是你也將賠上性命。日神的戰車即將行過天空，很快的，你家將會充滿哭號聲。你躲不掉我的預言！」

● 如果你是克里昂，在決定是否處死安蒂格妮前，你會先問哪些問題？

　　因此，儘管百般不情願，克里昂最後還是同意更改處死安蒂格妮的決定。但一切都太遲了。當他前往洞穴時，他聽到西蒙哀呼安蒂格妮的聲音。她已經上吊身亡了。

　　在洞穴裡，克里昂看見西蒙撫屍痛哭。克里昂懇求西蒙離開洞穴，但西蒙尖聲詛咒克里昂，擁著安蒂格妮持刀自盡。

　　幾個小時後，使者向克里昂報告另一個不幸的消息。當王后得知西蒙的死訊時，她也了結了自己的生命。克里昂生命中所愛的人都喪生了，他成為一個支離破碎的人，只有等待死亡來解救他。

準備全班辯論

老師將把全班分為五組：

■ 第一組以克里昂的立場進行辯論
■ 第二組針對安蒂格妮的論點進行反駁
■ 第三組以安蒂格妮的立場進行辯論
■ 第四組針對克里昂的論點進行反駁
■ 第五組扮演底比斯人民，聽取兩方的辯論並提問，判斷哪一方的論點最有力。

第一組：克里昂

這一組將為克里昂的立場辯護。準備你們的論點，並選出發言人對全班發表你們的論點。

第二組：克里昂的反駁

這一組將針對安蒂格妮的論點做出回應。預測安蒂格妮可能提出的論點，準備你們的反駁論點，並選出發言人對全班發表論點。

第三組：安蒂格妮

這一組將為安蒂格妮的立場辯護。準備你們的論點，並選出發言人對全班發表你們的論點。

第四組：安蒂格妮的反駁

這一組將針對克里昂的論點做出回應。預測克里昂可能提出的論點，準備你們的反駁論點，並選出發言人對全班發表你們的反駁論點。

第五組：底比斯人民

這一組將扮演底比斯人民。你們將對前四組提出問題，以決定你支持誰的立場。選出一位主席。評估其他四組的論點，並質詢他們的論點。

全班辯論的程序

1. 各組準備就緒後，第五組的主席應宣布辯論開始，並主持辯論的進行。

2. 每一組應有 5 分鐘發表時間，順序為第一組、第三組、第四組、第二組。每一組發表完畢後，底比斯人民可以提出問題。

3. 各組的發言人在回答問題前，可以詢問其他成員的意見。每組的所有成員都可以回答問題。

4. 每一組發表完論點並回答問題後，底比斯人民應該共同討論哪一個論點最具有說服力。主席應對全班宣布並說明他們的決定。接著，全班一起討論第五組的決定，並回答「你的看法如何？」的問題。

你的看法如何？

1. 克里昂論點的優、缺點是什麼？安蒂格妮論點的優、缺點呢？

2. 安蒂格妮是否可以採取其他方法向克里昂表達抗議？

3. 決定違法的時候，應該考量什麼因素？

4. 如果具有不同宗教或道德信仰的人們對「更高法律」的意義有不同意見時，該怎麼辦？

5. 你認為對於公民不服從是正當的嗎？請說明你的立場。

學以致用

1. 美國許多州都有禁止協助他人自殺的法律。密西根州的凱佛基安（Jack Kevorkian）醫師卻公然違法，他宣稱更高法律—即憲法賦予人們結束自己生命，以及尋求醫師協助自殺的權利。請蒐集有關凱佛基安醫師的資料，並向全班報告你的心得。

2. 第二次世界大戰期間，許多人甘冒生命危險，以反抗納粹（Nazi）驅逐猶太人（Jews）出境的法令。例如：法國南部一個小鎮（Chambon-sur-Lignon），全鎮鎮民都為猶太難民提供藏匿之處。丹麥國王克里斯丁十世（The King X），以及哥本哈根路德主教也公開反對納粹驅逐猶太人的法律，而在非猶太裔的丹麥人的協助下，九成的猶太人被安排逃往瑞典。和同學組成小組，一起到圖書館蒐集協助猶太人、反抗對猶太人不公平的法律的相關資料，並寫一篇短劇，以戲劇的方式，描述當時發生了什麼。在班上發表演出，然後全班一起討論此事涉及的權威議題。

國家圖書館出版品預行編目資料

超級公民 —— 權威 / Center for Civic Education 原著；郭菀玲譯.
-- 初版 . -- 臺北市：民間公民與法治教育基金會，
2019.07
面；　公分
譯自：Foundation of Democracy: Authority, Privacy,
　　　Responsibility, Justice
ISBN 978-986-97461-1-3（平裝）
1. 公民教育　2. 民主教育　3. 權威

528.3　　　　　　　　　　　　　108001002

超級公民 —— 權威

原 著 書 名：Foundation of Democracy: Authority, Privacy, Responsibility, Justice
著 作 人：Center for Civic Education
譯 者：郭菀玲
策 劃：黃旭田、張澤平、林佳範
系列總編輯：李岳霖
董 事 長：邱秋林
出 版 者：財團法人民間公民與法治教育基金會
編 輯 委 員：林孟皇、李岳霖、劉金玫、許民憲
責 任 編 輯：薛維萩、許庭瑛、五南編輯
地 址：104 台北市松江路 100 巷 4 號 5 樓
電 話：(02) 2521-4258
傳 真：(02) 2521-4245
網 址：http://www.lre.org.tw/
合 作 出 版：五南圖書出版股份有限公司
發 行 人：楊榮川
地 址：106 台北市大安區和平東路二段 339 號 4 樓
電 話：(02) 2705-5066
傳 真：(02) 2706-6100
劃 撥：010689563
網 址：http://www.wunan.com.tw
電 子 郵 件：wunan@wunan.com.tw
法 律 顧 問：林勝安律師事務所　林勝安律師
版 刷：2019 年 7 月一版一刷
定 價：200 元